2014 年发布
中国企业会计准则

企业会计准则第 2 号
——长期股权投资

财政部会计司　编

经济科学出版社

图书在版编目（CIP）数据

企业会计准则第 2 号：长期股权投资/财政部会计司编．
—北京：经济科学出版社，2014.6
 ISBN 978 - 7 - 5141 - 4791 - 9

Ⅰ.①企…　Ⅱ.①财…　Ⅲ.①企业 - 会计准则 - 中国　Ⅳ.①F279.23

中国版本图书馆 CIP 数据核字（2014）第 140541 号

责任编辑：黄双蓉　黎子民
责任校对：王肖楠
责任印制：邱　天

企业会计准则第 2 号——长期股权投资

财政部会计司　编

经济科学出版社出版、发行　新华书店经销
社址：北京市海淀区阜成路甲 28 号　邮编：100142
总编部电话：010 - 88191217　发行部电话：010 - 88191522
网址：www.esp.com.cn
电子邮件：esp@esp.com.cn
天猫网店：经济科学出版社旗舰店
网址：http://jjkxcbs.tmall.com
河北零五印刷厂印装
787×1092　16 开　6.25 印张　70000 字
2014 年 6 月第 1 版　2014 年 6 月第 1 次印刷
ISBN 978 - 7 - 5141 - 4791 - 9　定价：28.00 元
（图书出现印装问题，本社负责调换。电话：010 - 88191502）
（版权所有　翻印必究）

财政部文件

财会〔2014〕14号

财政部关于印发修订《企业会计准则第 2 号——长期股权投资》的通知

国务院有关部委、有关直属机构，各省、自治区、直辖市、计划单列市财政厅（局），新疆生产建设兵团财务局，财政部驻各省、自治区、直辖市、计划单列市财政监察专员办事处，有关中央管理企业：

为了适应社会主义市场经济发展需要，提高企业财务报表质量和会计信息透明度，根据《企业会计准则——基本准则》，我部对《企业会计准则第 2 号——长期股权投资》进行了修订，现予印发，自 2014 年 7 月 1 日起在所有执行企业会计准则的企业范围内施行，鼓励在境外上市的企业提前执行。我部于 2006 年 2 月 15 日发布的《〈企业会计准则第 1 号——存货〉等 38 项具体准则》（财会〔2006〕3 号）中的《企业会计准则第 2 号——长期股权投资》同时废止。

执行中有何问题，请及时反馈我部。

附件：企业会计准则第 2 号——长期股权投资

财政部
2014 年 3 月 13 日

总　目　录

第一部分　企业会计准则第 2 号——长期股权投资 …… 1
第二部分　《企业会计准则第 2 号——长期股权投资》
　　　　　应用指南 …………………………………… 11
第三部分　《企业会计准则第 2 号——长期股权投资》
　　　　　修订说明 …………………………………… 67
第四部分　Accounting Standard for Business Enterprises
　　　　　No. 2—Long-term Equity Investments ……… 79

第一部分
企业会计准则第2号
——长期股权投资

第一章　总则

第一条　为了规范长期股权投资的确认、计量，根据《企业会计准则——基本准则》，制定本准则。

第二条　本准则所称长期股权投资，是指投资方对被投资单位实施控制、重大影响的权益性投资，以及对其合营企业的权益性投资。

在确定能否对被投资单位实施控制时，投资方应当按照《企业会计准则第33号——合并财务报表》的有关规定进行判断。投资方能够对被投资单位实施控制的，被投资单位为其子公司。投资方属于《企业会计准则第33号——合并财务报表》规定的投资性主体且子公司不纳入合并财务报表的情况除外。

重大影响，是指投资方对被投资单位的财务和经营政策有参与决策的权力，但并不能够控制或者与其他方一起共同控制这些政策的制定。在确定能否对被投资单位施加重大影响时，应当考虑投资方和其他方持有的被投资单位当期可转换公司债券、当期可执行认股权证等潜在表决权因素。投资方能够对被投资单位施加重大影响的，被投资单位为其联营企业。

在确定被投资单位是否为合营企业时，应当按照《企业会计准则第40号——合营安排》的有关规定进行判断。

第三条　下列各项适用其他相关会计准则：

（一）外币长期股权投资的折算，适用《企业会计准则第19号——外币折算》。

（二）风险投资机构、共同基金以及类似主体持有的、在初始确认时按照《企业会计准则第22号——金融工具确认和计量》的规定以公允价值计量且其变动计入当期损益的金融资产，投资性主体对不纳入合并财务报表的子公司的权益性投资，以及本准则未予规范的其他权益性投资，适用《企业会计准则第 22 号——金融工具确认和计量》。

第四条 长期股权投资的披露，适用《企业会计准则第 41 号——在其他主体中权益的披露》。

第二章 初始计量

第五条 企业合并形成的长期股权投资，应当按照下列规定确定其初始投资成本：

（一）同一控制下的企业合并，合并方以支付现金、转让非现金资产或承担债务方式作为合并对价的，应当在合并日按照被合并方所有者权益在最终控制方合并财务报表中的账面价值的份额作为长期股权投资的初始投资成本。长期股权投资初始投资成本与支付的现金、转让的非现金资产以及所承担债务账面价值之间的差额，应当调整资本公积；资本公积不足冲减的，调整留存收益。

合并方以发行权益性证券作为合并对价的，应当在合并日按照被合并方所有者权益在最终控制方合并财务报表中的账面价值的份额作为长期股权投资的初始投资成本。按照发行股份的面值总额作为股本，长期股权投资初始投资成本与所发行股份面值总额之间的差额，应当调整资本公积；资本公积不足冲减的，调整留存收益。

（二）非同一控制下的企业合并，购买方在购买日应当按照《企业会计准则第 20 号——企业合并》的有关规定确定的合并成本作为长期股权投资的初始投资成本。

合并方或购买方为企业合并发生的审计、法律服务、评估咨询等中介费用以及其他相关管理费用，应当于发生时计入当期损益。

第六条 除企业合并形成的长期股权投资以外，其他方式取得的长期股权投资，应当按照下列规定确定其初始投资成本：

（一）以支付现金取得的长期股权投资，应当按照实际支付的购买价款作为初始投资成本。初始投资成本包括与取得长期股权投资直接相关的费用、税金及其他必要支出。

（二）以发行权益性证券取得的长期股权投资，应当按照发行权益性证券的公允价值作为初始投资成本。与发行权益性证券直接相关的费用，应当按照《企业会计准则第37号——金融工具列报》的有关规定确定。

（三）通过非货币性资产交换取得的长期股权投资，其初始投资成本应当按照《企业会计准则第7号——非货币性资产交换》的有关规定确定。

（四）通过债务重组取得的长期股权投资，其初始投资成本应当按照《企业会计准则第12号——债务重组》的有关规定确定。

第三章　后续计量

第七条　投资方能够对被投资单位实施控制的长期股权投资应当采用成本法核算。

第八条　采用成本法核算的长期股权投资应当按照初始投资成本计价。追加或收回投资应当调整长期股权投资的成本。被投资单位宣告分派的现金股利或利润，应当确认为当期投资收益。

第九条 投资方对联营企业和合营企业的长期股权投资，应当按照本准则第十条至第十三条规定，采用权益法核算。

投资方对联营企业的权益性投资，其中一部分通过风险投资机构、共同基金、信托公司或包括投连险基金在内的类似主体间接持有的，无论以上主体是否对这部分投资具有重大影响，投资方都可以按照《企业会计准则第22号——金融工具确认和计量》的有关规定，对间接持有的该部分投资选择以公允价值计量且其变动计入损益，并对其余部分采用权益法核算。

第十条 长期股权投资的初始投资成本大于投资时应享有被投资单位可辨认净资产公允价值份额的，不调整长期股权投资的初始投资成本；长期股权投资的初始投资成本小于投资时应享有被投资单位可辨认净资产公允价值份额的，其差额应当计入当期损益，同时调整长期股权投资的成本。

被投资单位可辨认净资产的公允价值，应当比照《企业会计准则第20号——企业合并》的有关规定确定。

第十一条 投资方取得长期股权投资后，应当按照应享有或应分担的被投资单位实现的净损益和其他综合收益的份额，分别确认投资收益和其他综合收益，同时调整长期股权投资的账面价值；投资方按照被投资单位宣告分派的利润或现金股利计算应享有的部分，相应减少长期股权投资的账面价值；投资方对于被投资单位除净损益、其他综合收益和利润分配以外所有者权益的其他变动，应当调整长期股权投资的账面价值并计入所有者权益。

投资方在确认应享有被投资单位净损益的份额时，应当以取得投资时被投资单位可辨认净资产的公允价值为基础，对被投资单位的净利润进行调整后确认。

被投资单位采用的会计政策及会计期间与投资方不一致的，应当按照投资方的会计政策及会计期间对被投资单位的财务报表进行调整，并据以确认投资收益和其他综合收益等。

第十二条 投资方确认被投资单位发生的净亏损，应当以长期股权投资的账面价值以及其他实质上构成对被投资单位净投资的长期权益减记至零为限，投资方负有承担额外损失义务的除外。

被投资单位以后实现净利润的，投资方在其收益分享额弥补未确认的亏损分担额后，恢复确认收益分享额。

第十三条 投资方计算确认应享有或应分担被投资单位的净损益时，与联营企业、合营企业之间发生的未实现内部交易损益按照应享有的比例计算归属于投资方的部分，应当予以抵销，在此基础上确认投资收益。

投资方与被投资单位发生的未实现内部交易损失，按照《企业会计准则第8号——资产减值》等的有关规定属于资产减值损失的，应当全额确认。

第十四条 投资方因追加投资等原因能够对被投资单位施加重大影响或实施共同控制但不构成控制的，应当按照《企业会计准则第22号——金融工具确认和计量》确定的原持有的股权投资的公允价值加上新增投资成本之和，作为改按权益法核算的初始投资成本。原持有的股权投资分类为可供出售金融资产的，其公允价值与账面价值之间的差额，以及原计入其他综合收益的累计公允价值变动应当转入改按权益法核算的当期损益。

投资方因追加投资等原因能够对非同一控制下的被投

资单位实施控制的，在编制个别财务报表时，应当按照原持有的股权投资账面价值加上新增投资成本之和，作为改按成本法核算的初始投资成本。购买日之前持有的股权投资因采用权益法核算而确认的其他综合收益，应当在处置该项投资时采用与被投资单位直接处置相关资产或负债相同的基础进行会计处理。购买日之前持有的股权投资按照《企业会计准则第22号——金融工具确认和计量》的有关规定进行会计处理的，原计入其他综合收益的累计公允价值变动应当在改按成本法核算时转入当期损益。在编制合并财务报表时，应当按照《企业会计准则第33号——合并财务报表》的有关规定进行会计处理。

第十五条 投资方因处置部分股权投资等原因丧失了对被投资单位的共同控制或重大影响的，处置后的剩余股权应当改按《企业会计准则第22号——金融工具确认和计量》核算，其在丧失共同控制或重大影响之日的公允价值与账面价值之间的差额计入当期损益。原股权投资因采用权益法核算而确认的其他综合收益，应当在终止采用权益法核算时采用与被投资单位直接处置相关资产或负债相同的基础进行会计处理。

投资方因处置部分权益性投资等原因丧失了对被投资单位的控制的，在编制个别财务报表时，处置后的剩余股权能够对被投资单位实施共同控制或施加重大影响的，应当改按权益法核算，并对该剩余股权视同自取得时即采用权益法核算进行调整；处置后的剩余股权不能对被投资单位实施共同控制或施加重大影响的，应当改按《企业会计准则第22号——金融工具确认和计量》的有关规定进行会计处理，其在丧失控制之日的公允价值与账面价值间的差额计入当期损益。在编制合并财务报表时，应当按照

《企业会计准则第 33 号——合并财务报表》的有关规定进行会计处理。

第十六条 对联营企业或合营企业的权益性投资全部或部分分类为持有待售资产的，投资方应当按照《企业会计准则第 4 号——固定资产》的有关规定处理，对于未划分为持有待售资产的剩余权益性投资，应当采用权益法进行会计处理。

已划分为持有待售的对联营企业或合营企业的权益性投资，不再符合持有待售资产分类条件的，应当从被分类为持有待售资产之日起采用权益法进行追溯调整。分类为持有待售期间的财务报表应当作相应调整。

第十七条 处置长期股权投资，其账面价值与实际取得价款之间的差额，应当计入当期损益。采用权益法核算的长期股权投资，在处置该项投资时，采用与被投资单位直接处置相关资产或负债相同的基础，按相应比例对原计入其他综合收益的部分进行会计处理。

第十八条 投资方应当关注长期股权投资的账面价值是否大于享有被投资单位所有者权益账面价值的份额等类似情况。出现类似情况时，投资方应当按照《企业会计准则第 8 号——资产减值》对长期股权投资进行减值测试，可收回金额低于长期股权投资账面价值的，应当计提减值准备。

第四章　衔接规定

第十九条 在本准则施行日之前已经执行企业会计准则的企业，应当按照本准则进行追溯调整，追溯调整不切实可行的除外。

第五章 附则

第二十条 本准则自2014年7月1日起施行。

第二部分
《企业会计准则第 2 号
——长期股权投资》应用指南

目　　录

一、总体要求 …………………………………………… 15

二、关于适用范围 ……………………………………… 16

三、关于重大影响的判断 ……………………………… 17

四、关于应设置的相关会计科目和主要账务处理 …… 18
　　（一）"长期股权投资" ………………………………… 18
　　（二）"长期股权投资减值准备" …………………… 22
　　（三）"应收股利" …………………………………… 23
　　（四）"投资收益" …………………………………… 23

五、关于初始计量 ……………………………………… 25
　　（一）企业合并以外的其他方式取得的
　　　　　长期股权投资 ……………………………… 25
　　（二）企业合并形成的长期股权投资 ……………… 28

六、关于后续计量 ……………………………………… 37
　　（一）成本法 ………………………………………… 38
　　（二）权益法 ………………………………………… 40

七、长期股权投资核算方法的转换 …………………… 54
　　（一）公允价值计量转权益法核算 ………………… 54
　　（二）公允价值计量或权益法核算转
　　　　　成本法核算 ………………………………… 56
　　（三）权益法核算转公允价值计量 ………………… 56
　　（四）成本法转权益法 ……………………………… 57
　　（五）成本法核算转公允价值计量 ………………… 60

八、关于股票股利的处理 ……………………………… 61

九、关于投资性主体转变时的会计处理 ……………… 61

十、关于处置和相关所得税影响 ………………………… 61

　（一）处置 ……………………………………………… 61

　（二）相关所得税影响 ………………………………… 64

第二部分 《企业会计准则第2号——长期股权投资》应用指南

一、总体要求

投资是企业为了获得收益或实现资本增值向被投资单位投放资金的经济行为。企业对外进行的投资，可以有不同的分类。从性质上划分，可以分为债权性投资与权益性投资等。权益性投资按对被投资单位的影响程度划分，可以分为对子公司投资、对合营企业投资和对联营企业投资等。《企业会计准则第2号——长期股权投资》（以下简称"本准则"）规范了符合条件的权益性投资的确认和计量。其他投资适用《企业会计准则第22号——金融工具确认和计量》（以下简称"金融工具确认和计量准则"）等相关准则。

长期股权投资准则规范的权益性投资不包括风险投资机构、共同基金以及类似主体（如投资连结保险产品）持有的、在初始确认时按照金融工具确认和计量准则的规定以公允价值计量且其变动计入当期损益的金融资产，这类金融资产即使符合持有待售条件，也应继续按金融工具确认和计量准则进行会计处理。投资性主体对不纳入合并财务报表的子公司的权益性投资，应按照公允价值计量且其变动计入当期损益。长期股权投资的披露，适用《企业会计准则第41号——在其他主体中权益的披露》。

一般而言，企业对外投资的法律形式要件都体现了其实质的投资意图和性质。然而，在当前市场经济条件下，企业投资模式日趋多元化，除传统的纯粹债权或者纯粹权益投资外，不少企业的投资模式同时具备债权性投资和权益性投资的特点，增大了识别和判断的难度。例如，A公司于2011年1月出资1.2亿元对B合伙企业进行增资，增资后 A 公司持有 B 合伙企业 30% 的权益同时约定 B 合伙企业在 2011 年 12 月 31 日、2012 年 12 月 31 日两个时点分别以固定价格 6 000 万元和 1.2 亿元向 A 公司赎回 10%、20% 的权益。上述交易从表面形式看为权益性投资，A 公司办理了正常的出资手续，符合法律上出资的形式要件。然而，从投资的性质而言，该投资并不具备权益性投资的普遍特征。上述 A 公司的投资在其出资之日，就约定了在固定的时间以固定的金额退出，退出时间也较短（全部退出日距初始投资日也仅有 2 年）。从风险角度分析，A 公司实际上仅承担了 B 合伙企业的信用风险而不是 B 合伙企业的经营风险，其交易实质更接近于 A 公司接受 B 合伙企业的权益作为质押物，向其提供资金并收取资金占用费，该投资的实质为债权性投资，应按照金融工具确认和计量准则等相关准则进行会计处理。

二、关于适用范围

明确界定长期股权投资的范围，是对长期股权投资进行正确确认、计量和报告的前提。根据长期股权投资准则规定，长期股权投资包括以下几个方面：

（一）投资方能够对被投资单位实施控制的权益性投资，即对子公司投资。控制，是指投资方拥有对被投资单位的权力，通过参与被投资单位的相关活动而享有可变回报，并且有能力运用对被投资单位的权力影响其回报金额。关于控制和相关活动的理解及具体判断，见《企业会计准则第 33 号——合并财务报表》（以下简称"合并财务报表准则"）及其应用指南（2014）的相关内容。

（二）投资方与其他合营方一同对被投资单位实施共

同控制且对被投资单位净资产享有权利的权益性投资，即对合营企业投资。共同控制，是指按照相关约定对某项安排所共有的控制，并且该安排的相关活动必须经过分享控制权的参与方一致同意后才能决策。关于共同控制和合营企业的理解及具体判断，见《企业会计准则第40号——合营安排》（以下简称"合营安排准则"）及其应用指南（2014）的相关内容。

（三）投资方对被投资单位具有重大影响的权益性投资，即对联营企业投资。重大影响，是指对一个企业的财务和经营政策有参与决策的权力，但并不能够控制或者与其他方一起共同控制这些政策的制定。实务中，较为常见的重大影响体现为在被投资单位的董事会或类似权力机构中派有代表，通过在被投资单位财务和经营决策制定过程中的发言权实施重大影响。投资方直接或通过子公司间接持有被投资单位20%以上但低于50%的表决权时，一般认为对被投资单位具有重大影响，除非有明确的证据表明该种情况下不能参与被投资单位的生产经营决策，不形成重大影响。在确定能否对被投资单位施加重大影响时，一方面应考虑投资方直接或间接持有被投资单位的表决权股份，同时要考虑投资方及其他方持有的当期可执行潜在表决权在假定转换为对被投资单位的股权后产生的影响，如被投资单位发行的当期可转换的认股权证、股份期权及可转换公司债券等的影响。

三、关于重大影响的判断

企业通常可以通过以下一种或几种情形来判断是否对被投资单位具有重大影响：

（一）在被投资单位的董事会或类似权力机构中派有代表。在这种情况下，由于在被投资单位的董事会或类似权力机构中派有代表，并相应享有实质性的参与决策权，投资方可以通过该代表参与被投资单位财务和经营政策的制定，达到对被投资单位施加重大影响。

（二）参与被投资单位财务和经营政策制定过程。这种情况下，在制定政策过程中可以为其自身利益提出建议和意见，从而可以对被投资单位施加重大影响。

（三）与被投资单位之间发生重要交易。有关的交易因对被投资单位的日常经营具有重要性，进而一定程度上可以影响到被投资单位的生产经营决策。

（四）向被投资单位派出管理人员。在这种情况下，管理人员有权力主导被投资单位的相关活动，从而能够对被投资单位施加重大影响。

（五）向被投资单位提供关键技术资料。因被投资单位的生产经营需要依赖投资方的技术或技术资料，表明投资方对被投资单位具有重大影响。

存在上述一种或多种情形并不意味着投资方一定对被投资单位具有重大影响。企业需要综合考虑所有事实和情况来做出恰当的判断。

四、关于应设置的相关会计科目和主要账务处理

企业应正确记录和反映各项投资所发生的成本和损益。长期股权投资的会计处理，一般需要设置以下科目：

（一）"长期股权投资"

1. 本科目核算企业持有的长期股权投资。

2. 本科目应当按照被投资单位进行明细核算。长期股权投资核算采用权益法的,应当分别"投资成本"、"损益调整"、"其他综合收益"、"其他权益变动"进行明细核算。

3. 长期股权投资的主要账务处理。

(1) 企业合并形成的长期股权投资。

同一控制下企业合并形成的长期股权投资,合并方以支付现金、转让非现金资产或承担债务方式作为合并对价的,应在合并日按取得被合并方所有者权益在最终控制方合并财务报表中的账面价值的份额,借记本科目(投资成本),按支付的合并对价的账面价值,贷记或借记有关资产、负债科目,按其差额,贷记"资本公积——资本溢价或股本溢价"科目;如为借方差额,借记"资本公积——资本溢价或股本溢价"科目,资本公积(资本溢价或股本溢价)不足冲减的,应依次借记"盈余公积"、"利润分配——未分配利润"科目。合并方以发行权益性证券作为合并对价的,应当在合并日按照被合并方所有者权益在最终控制方合并财务报表中的账面价值的份额,借记本科目(投资成本),按照发行股份的面值总额,贷记"股本",按其差额,贷记"资本公积——资本溢价或股本溢价";如为借方差额,借记"资本公积——资本溢价或股本溢价"科目,资本公积(资本溢价或股本溢价)不足冲减的,应依次借记"盈余公积"、"利润分配——未分配利润"科目。

非同一控制下企业合并形成的长期股权投资,购买方以支付现金、转让非现金资产或承担债务方式等作为合并对价的,应在购买日按照《企业会计准则第 20 号——企业合并》确定的合并成本,借记本科目(投资成本),按付出的合并对价的账面价值，贷记或借记有关资产、负债科目，按发生的直接相关费用（如资产处置费用），贷记"银行存款"等科目，按其差额，贷记"主营业务收入"、"营业外收入"、"投资收益"等科目或借记"管理费用"、"营业外支出"、"主营业务成本"等科目。购买方以发行权益性证券作为合并对价的，应在购买日按照发行的权益性证券的公允价值，借记本科目（投资成本），按照发行的权益性证券的面值总额，贷记"股本"，按其差额，贷记"资本公积——资本溢价或股本溢价"。企业为企业合并发生的审计、法律服务、评估咨询等中介费用以及其他相关管理费用，应当于发生时借记"管理费用"科目，贷记"银行存款"等科目。

（2）以非企业合并方式形成的长期股权投资。

以支付现金、非现金资产等其他方式取得的长期股权投资，应按现金、非现金货币性资产的公允价值或按照《企业会计准则第7号——非货币性资产交换》、《企业会计准则第12号——债务重组》的有关规定确定的初始投资成本，借记本科目，贷记"银行存款"等科目，"营业外收入"或借记"营业外支出"等处置非现金资产相关的科目。

（3）采用成本法核算的长期股权投资的处理。

长期股权投资采用成本法核算的，应按被投资单位宣告发放的现金股利或利润中属于本企业的部分，借记"应收股利"科目，贷记"投资收益"科目。

（4）采用权益法核算的长期股权投资的处理。

企业的长期股权投资采用权益法核算的，应当分别下列情况进行处理：

①长期股权投资的初始投资成本大于投资时应享有被

投资单位可辨认净资产公允价值份额的，不调整已确认的初始投资成本；长期股权投资的初始投资成本小于投资时应享有被投资单位可辨认净资产公允价值份额的，应按其差额，借记本科目（投资成本），贷记"营业外收入"科目。

②资产负债表日，企业应按被投资单位实现的净利润（以取得投资时被投资单位可辨认净资产的公允价值为基础计算）中企业享有的份额，借记本科目（损益调整），贷记"投资收益"科目。被投资单位发生净亏损做相反的会计分录，但以本科目的账面价值减记至零为限；还需承担的投资损失，应将其他实质上构成对被投资单位净投资的"长期应收款"等的账面价值减记至零为限；除按照以上步骤已确认的损失外，按照投资合同或协议约定将承担的损失，确认为预计负债。除上述情况仍未确认的应分担被投资单位的损失，应在账外备查登记。发生亏损的被投资单位以后实现净利润的，应按与上述相反的顺序进行处理。

取得长期股权投资后，被投资单位宣告发放现金股利或利润时，企业计算应分得的部分，借记"应收股利"科目，贷记本科目（损益调整）。

收到被投资单位发放的股票股利，不进行账务处理，但应在备查簿中登记。

③发生亏损的被投资单位以后实现净利润的，企业计算应享有的份额，如有未确认投资损失的，应先弥补未确认的投资损失，弥补损失后仍有余额的，依次借记"长期应收款"科目和本科目（损益调整），贷记"投资收益"科目。

④被投资单位除净损益、利润分配以外的其他综合收

益变动和所有者权益的其他变动，企业按持股比例计算应享有的份额，借记本科目（其他综合收益和其他权益变动），贷记"其他综合收益"和"资本公积——其他资本公积"科目。

（5）处置长期股权投资的处理。

处置长期股权投资时，应按实际收到的金额，借记"银行存款"等科目，原已计提减值准备的，借记"长期股权投资减值准备"科目，按其账面余额，贷记本科目，按尚未领取的现金股利或利润，贷记"应收股利"科目，按其差额，贷记或借记"投资收益"科目。

处置采用权益法核算的长期股权投资时，应当采用与被投资单位直接处置相关资产或负债相同的基础，对相关的其他综合收益进行会计处理。按照上述原则可以转入当期损益的其他综合收益，应按结转的长期股权投资的投资成本比例结转原记入"其他综合收益"科目的金额，借记或贷记"其他综合收益"科目，贷记或借记"投资收益"科目。

处置采用权益法核算的长期股权投资时，还应按结转的长期股权投资的投资成本比例结转原记入"资本公积——其他资本公积"科目的金额，借记或贷记"资本公积——其他资本公积"科目，贷记或借记"投资收益"科目。

4. 本科目期末借方余额，反映企业长期股权投资的价值。

（二）"长期股权投资减值准备"

1. 本科目核算企业长期股权投资发生减值时计提的减值准备。

2. 本科目应当按照被投资单位进行明细核算。

3. 资产负债表日，企业根据《企业会计准则第 8 号——资产减值》（以下简称"资产减值准则"）确定长期股权投资发生减值的，按应减记的金额，借记"资产减值损失"科目，贷记本科目。

处置长期股权投资时，应同时结转已计提的长期股权投资减值准备。

4. 本科目期末贷方余额，反映企业已计提但尚未转销的长期股权投资减值准备。

（三）"应收股利"

1. 本科目核算企业应收取的现金股利和应收取其他单位分配的利润。

2. 本科目应当按照被投资单位进行明细核算。

3. 应收股利的主要账务处理。

（1）被投资单位宣告发放现金股利或利润，按应归本企业享有的金额，借记本科目，贷记"投资收益"或"长期股权投资——损益调整"科目。

（2）收到现金股利或利润，借记"银行存款"等科目，贷记本科目。

4. 本科目期末借方余额，反映企业尚未收回的现金股利或利润。

（四）"投资收益"

1. 本科目核算企业根据长期股权投资准则确认的投资收益或投资损失。

2. 本科目应当按照投资项目进行明细核算。

3. 投资收益的主要账务处理。

（1）长期股权投资采用成本法核算的，企业应按被投资单位宣告发放的现金股利或利润中属于本企业的部分，借记"应收股利"科目，贷记本科目。

（2）长期股权投资采用权益法核算的，资产负债表日，应按被投资单位实现的净利润（以取得投资时被投资单位可辨认净资产的公允价值为基础计算）中企业享有的份额，借记"长期股权投资——损益调整"科目，贷记本科目。

被投资单位发生亏损、分担亏损份额未超过长期股权投资账面价值或分担亏损份额超过长期股权投资账面价值而冲减实质上构成对被投资单位长期净投资的，借记本科目，贷记"长期股权投资——损益调整"、"长期应收款"。除按照上述步骤已确认的损失外，按照投资合同或协议约定企业将承担的损失，借记本科目，贷记"预计负债"。发生亏损的被投资单位以后实现净利润的，企业计算的应享有的份额，如有未确认投资损失的，应先弥补未确认的投资损失，弥补损失后仍有余额的，借记"预计负债"、"长期应收款"、"长期股权投资——损益调整"等科目，贷记本科目。

（3）处置长期股权投资时，应按实际收到的金额，借记"银行存款"等科目，原已计提减值准备的，借记"长期股权投资减值准备"科目，按其账面余额，贷记"长期股权投资"科目，按尚未领取的现金股利或利润，贷记"应收股利"科目，按其差额，贷记或借记本科目。

处置采用权益法核算的长期股权投资时，应当采用与被投资单位直接处置相关资产或负债相同的基础，对相关的其他综合收益进行会计处理。按照上述原则可以转入当期损益的其他综合收益，应按结转长期股权投资的投资成本比例结转原记入"其他综合收益"科目的金额，借记或贷记"其他综合收益"科目，贷记或借记本科目。

处置采用权益法核算的长期股权投资时，还应按结转长期股权投资的投资成本比例结转原记入"资本公积——其他资本公积"科目的金额，借记或贷记"资本公积——其他资本公积"科目，贷记或借记本科目。

4. 期末，应将本科目余额转入"本年利润"科目，本科目结转后应无余额。

五、关于初始计量

（一）企业合并以外的其他方式取得的长期股权投资

长期股权投资可以通过不同的方式取得，除企业合并形成的长期股权投资外，通过其他方式取得的长期股权投资，应当按照以下要求确定初始投资成本。

1. 以支付现金取得长期股权投资

以支付现金取得长期股权投资的，应当按照实际应支付的购买价款作为初始投资成本，包括购买过程中支付的手续费等必要支出，但所支付价款中包含的被投资单位已宣告但尚未发放的现金股利或利润作为应收项目核算，不构成取得长期股权投资的成本。

【例1】2×10年2月10日，甲公司自公开市场中买入乙公司20%的股份，实际支付价款16 000万元，支付手续费等相关费用400万元，并于同日完成了相关手续。甲公司取得该部分股权后能够对乙公司施加重大影响。不考虑相关税费等其他因素影响。

甲公司应当按照实际支付的购买价款及相关交易费用作为取得长期股权投资的成本，有关会计处理如下：

借：长期股权投资——投资成本　164 000 000

　　贷：银行存款　　　　　　　　　　　　164 000 000

2. 以发行权益性证券取得长期股权投资

以发行权益性证券取得长期股权投资的，应当按照所发行证券的公允价值作为初始投资成本，但不包括应自被投资单位收取的已宣告但尚未发放的现金股利或利润。

投资方通过发行权益性证券（权益性工具）取得长期股权投资的，所发行工具的公允价值，应按《企业会计准则第39号——公允价值计量》（以下简称"公允价值计量准则"）等相关准则确定。为发行权益性工具支付给有关证券承销机构等的手续费、佣金等与工具发行直接相关的费用，不构成取得长期股权投资的成本。该部分费用应自所发行证券的溢价发行收入中扣除，溢价收入不足冲减的，应依次冲减盈余公积和未分配利润。

一般而言，投资者投入的长期股权投资应根据法律法规的要求进行评估作价，在公平交易当中，投资者投入的长期股权投资的公允价值，与所发行证券（工具）的公允价值不应存在重大差异。如有确凿证据表明，取得长期股权投资的公允价值比所发行证券（工具）的公允价值更加可靠的，以投资者投入的长期股权投资的公允价值为基础确定其初始投资成本。投资方通过发行债务性证券（债务性工具）取得长期股权投资的，比照通过发行权益性证券（权益性工具）处理。

【例2】2×10年3月，A公司通过增发6 000万股普通股（面值1元/股），从非关联方处取得B公司20%的股权，所增发股份的公允价值为10 400万元。为增发该部分股份，A 公司向证券承销机构等支付了 400 万元的佣金和手续费。相关手续于增发当日完成。假定 A 公司取得该部分股权后能够对 B 公司施加重大影响。B 公司 20% 的股权的公允价值与 A 公司增发股份的公允价值不存在重大差异。不考虑相关税费等其他因素影响。

本例中，由于 B 公司 20% 股权的公允价值与 A 公司增发股份的公允价值不存在重大差异，A 公司应当以所发行股份的公允价值作为取得长期股权投资的初始投资成本，有关会计处理如下：

借：长期股权投资——投资成本　104 000 000
　　贷：股本　　　　　　　　　　　 60 000 000
　　　　资本公积——股本溢价　　　 44 000 000

发行权益性证券过程中支付的佣金和手续费，应冲减权益性证券的溢价发行收入，会计处理如下：

借：资本公积——股本溢价　　　　　4 000 000
　　贷：银行存款　　　　　　　　　　4 000 000

【例3】非上市企业 A 公司在成立时，H 公司以其持有的对 B 公司的长期股权投资作为出资投入 A 公司。B 公司为上市公司，其权益性证券有活跃市场报价。投资合同约定，H 公司作为出资的长期股权投资作价 4 000 万元（该作价与其公允价值相当）。交易完成后，A 公司注册资本增加至 16 000 万元，其中 H 公司的持股比例为 20%。A 公司取得该长期股权投资后能够对 B 公司施加重大影响。不考虑相关税费等其他因素影响。

本例中，H 公司向 A 公司投入的长期股权投资具有活跃市场报价，而 A 公司所发行的权益性工具的公允价值不具有活跃市场报价，因此，A 公司应采用 B 公司股权的公允价值来确认长期股权投资的初始成本。A 公司应进行的会计处理为：

借：长期股权投资——投资成本　40 000 000
　　贷：实收资本　　　　　　　　　32 000 000
　　　　资本公积——资本溢价　　　　8 000 000

3. 以债务重组、非货币性资产交换等方式取得长期股权投资。其初始投资成本应按照《企业会计准则第12号——债务重组》和《企业会计准则第7号——非货币性资产交换》的原则确定。

4. 企业进行公司制改建。此时，对资产、负债的账面价值按照评估价值调整的，长期股权投资应以评估价值作为改制时的认定成本，评估值与原账面价值的差异应计入资本公积（资本溢价或股本溢价）。

（二）企业合并形成的长期股权投资

企业合并形成的长期股权投资，应分别同一控制下控股合并与非同一控制下控股合并确定其初始投资成本。

通过多次交易分步实现的企业合并，各项交易是否属于"一揽子交易"，应按合并财务报表准则的有关规定进行判断。

1. 同一控制下企业合并形成的长期股权投资

合并方以支付现金、转让非现金资产或承担债务方式作为合并对价的，应当在合并日按照所取得的被合并方在最终控制方合并财务报表中的净资产的账面价值的份额作为长期股权投资的初始投资成本。被合并方在合并日的净资产账面价值为负数的，长期股权投资成本按零确定，同时在备查簿中予以登记。如果被合并方在被合并以前，是最终控制方通过非同一控制下的企业合并所控制的，则合并方长期股权投资的初始投资成本还应包含相关的商誉金额。长期股权投资的初始投资成本与支付的现金、转让的非现金资产及所承担债务账面价值之间的差额,应当调整资本公积(资本溢价或股本溢价);资本公积(资本溢价或股本溢价)的余额不足冲减的,依次冲减盈余公积和未分配利润。合并方以发行权益性工具作为合并对价的,应按发行股份的面值总额作为股本,长期股权投资的初始投资成本与所发行股份面值总额之间的差额,应当调整资本公积(资本溢价或股本溢价);资本公积(资本溢价或股本溢价)不足冲减的,依次冲减盈余公积和未分配利润。

合并方发生的审计、法律服务、评估咨询等中介费用以及其他相关管理费用,于发生时计入当期损益。与发行权益性工具作为合并对价直接相关的交易费用,应当冲减资本公积(资本溢价或股本溢价),资本公积(资本溢价或股本溢价)不足冲减的,依次冲减盈余公积和未分配利润。与发行债务性工具作为合并对价直接相关的交易费用,应当计入债务性工具的初始确认金额。

在按照合并日应享有被合并方净资产的账面价值的份额确定长期股权投资的初始投资成本时,前提是合并前合并方与被合并方采用的会计政策应当一致。企业合并前合并方与被合并方采用的会计政策不同的,应基于重要性原则,统一合并方与被合并方的会计政策。在按照合并方的会计政策对被合并方净资产的账面价值进行调整的基础上,计算确定长期股权投资的初始投资成本。如果被合并方编制合并财务报表,则应当以合并日被合并方的合并财务报表为基础确认长期股权投资的初始投资成本。

【例4】2×10年6月30日,P公司向同一集团内S公司的原股东A公司定向增发1 000万股普通股(每股面值为1元,市价为8.68元),取得S公司100%的股权,相关手续于当日完成,并能够对 S 公司实施控制。合并后 S 公司仍维持其独立法人资格继续经营。S 公司之前为 A 公司于 2×08 年以非同一控制下企业合并的方式收购的全资子公司。合并日,S 公司财务报表中净资产的账面价值为 2 200 万元,A 公司合并财务报表中的 S 公司净资产账面价值为 4 000 万元(含商誉 500 万元)。假定 P 公司和 S 公司都受 A 公司同一控制。不考虑相关税费等其他因素影响。

本例中,P 公司在合并日应确认对 S 公司的长期股权投资,初始投资成本为应享有 S 公司在 A 公司合并财务报表中的净资产账面价值的份额及相关商誉,会计处理如下:

借:长期股权投资——投资成本　40 000 000
　　贷:股本　　　　　　　　　　　10 000 000
　　　　资本公积——股本溢价　　　30 000 000

企业通过多次交易分步取得同一控制下被投资单位的股权,最终形成企业合并的,应当判断多次交易是否属于"一揽子交易"。属于一揽子交易的,合并方应当将各项交易作为一项取得控制权的交易进行会计处理。不属于"一揽子交易"的,取得控制权日,应按照以下步骤进行会计处理:

(1) 确定同一控制下企业合并形成的长期股权投资的初始投资成本。在合并日,根据合并后应享有被合并方净资产在最终控制方合并财务报表中的账面价值的份额,确定长期股权投资的初始投资成本。

(2) 长期股权投资初始投资成本与合并对价账面价值之间的差额的处理。合并日长期股权投资的初始投资成本,与达到合并前的长期股权投资账面价值加上合并日进一步取得股份新支付对价的账面价值之和的差额,调整资本公积（资本溢价或股本溢价），资本公积不足冲减的，冲减留存收益。

（3）合并日之前持有的股权投资，因采用权益法核算或金融工具确认和计量准则核算而确认的其他综合收益，暂不进行会计处理，直至处置该项投资时采用与被投资单位直接处置相关资产或负债相同的基础进行会计处理；因采用权益法核算而确认的被投资单位净资产中除净损益、其他综合收益和利润分配以外的所有者权益其他变动，暂不进行会计处理，直至处置该项投资时转入当期损益。其中，处置后的剩余股权根据本准则采用成本法或权益法核算的，其他综合收益和其他所有者权益应按比例结转，处置后的剩余股权改按金融工具确认和计量准则进行会计处理的，其他综合收益和其他所有者权益应全部结转。

（4）编制合并财务报表。合并方应当按照《企业会计准则第20号——企业合并》（以下简称"企业合并准则"）和合并财务报表准则的规定编制合并财务报表。合并方在达到合并之前持有的长期股权投资，在取得日与合并方与被合并方同处于同一方最终控制之日孰晚日与合并日之间已确认有关损益、其他综合收益和其他所有者权益变动，应分别冲减比较报表期间的期初留存收益或当期损益。

【例5】2×12年1月1日，H公司取得同一控制下的A公司25%的股份，实际支付款项6 000万元，能够对A公司施加重大影响。相关手续于当日办理完毕。当日，A公司可辨认净资产账面价值为22 000万元（假定与公允价值相等）。2×12年及2×13年度，A公司共实现净利润1 000万元，无其他所有者权益变动。2×14年1月1日，H公司以定向增发2 000万股普通股（每股面值为1元，每股公允价值为4.5元）的方式购买同一控制下另一企业所持有的A公司40%股权,相关手续于当日完成。进一步取得投资后,H公司能够对A公司实施控制。当日,A公司在最终控制方合并财务报表中的净资产的账面价值为23 000万元。假定H公司和A公司采用的会计政策和会计期间相同,均按照10%的比例提取盈余公积。H公司和A公司一直同受同一最终控制方控制。上述交易不属于一揽子交易。不考虑相关税费等其他因素影响。

H公司有关会计处理如下:

1. 确定合并日长期股权投资的初始投资成本。

合并日追加投资后H公司持有A公司股权比例为65%(25%+40%)

合并日H公司享有A公司在最终控制方合并财务报表中净资产的账面价值份额为14 950万元(23 000×65%)

2. 长期股权投资初始投资成本与合并对价账面价值之间的差额的处理。

原25%的股权投资采用权益法核算,在合并日的原账面价值为6 250万元(6 000+1 000×25%)。

追加投资(40%)所支付对价的账面价值为2 000万元。

合并对价账面价值为8 250万元(6 250+2 000)。

长期股权投资初始投资成本与合并对价账面价值之间的差额为6 700万元(14 950 - 8 250)。

借:长期股权投资——投资成本　149 500 000
　　贷:长期股权投资——投资成本　60 000 000
　　　　　　　　　　——损益调整　2 500 000
　　　　股本　20 000 000
　　　　资本公积(股本溢价)　67 000 000

2. 非同一控制下企业合并形成的长期股权投资

非同一控制下的控股合并中,购买方应当以《企业会计准则第 20 号——企业合并》确定的企业合并成本作为长期股权投资的初始投资成本。企业合并成本包括购买方付出的资产、发生或承担的负债、发行的权益性工具或债务性工具的公允价值之和。购买方为企业合并发生的审计、法律服务、评估咨询等中介费用以及其他相关管理费用,应于发生时计入当期损益;购买方作为合并对价发行的权益性工具或债务性工具的交易费用,应当计入权益性工具或债务性工具的初始确认金额。

【例6】2×12 年 3 月 31 日,A 公司取得 B 公司 70% 的股权,取得该部分股权后能够对 B 公司实施控制。为核实 B 公司的资产价值,A 公司聘请资产评估机构对 B 公司的资产进行评估,支付评估费用 50 万元。合并中,A 公司支付的有关资产在购买日的账面价值与公允价值如表 1 所示。假定合并前 A 公司与 B 公司不存在任何关联方关系。不考虑相关税费等其他因素影响。

表 1

2×12 年 3 月 31 日　　　　　　　　　　　　　　　　　　　单位:元

项目	账面价值	公允价值
土地使用权(自用)	40 000 000	64 000 000
专利技术	16 000 000	20 000 000
银行存款	16 000 000	16 000 000
合计	72 000 000	10 000 000

注:A 公司用作合并对价的土地使用权和专利技术原价为 6 400 万元,至企业合并发生时已累计摊销 800 万元。

本例中,因 A 公司与 B 公司在合并前不存在任何关联方关系,应作为非同一控制下的企业合并处理。A 公司对于合并形成的对B公司的长期股权投资，会计处理如下：

借：长期股权投资——投资成本　　100 000 000
　　管理费用　　　　　　　　　　　　500 000
　　累计摊销　　　　　　　　　　　8 000 000
　　贷：无形资产　　　　　　　　　64 000 000
　　　　银行存款　　　　　　　　　16 500 000
　　　　营业外收入　　　　　　　　28 000 000

企业通过多次交易分步实现非同一控制下企业合并的，在编制个别财务报表时，应当按照原持有的股权投资的账面价值加上新增投资成本之和，作为改按成本法核算的初始投资成本。

购买日之前持有的股权采用权益法核算的，相关其他综合收益应当在处置该项投资时采用与被投资单位直接处置相关资产或负债相同的基础进行会计处理，因被投资方除净损益、其他综合收益和利润分配以外的其他所有者权益变动而确认的所有者权益，应当在处置该项投资时相应转入处置期间的当期损益。其中，处置后的剩余股权根据本准则采用成本法或权益法核算的，其他综合收益和其他所有者权益应按比例结转，处置后的剩余股权改按金融工具确认和计量准则进行会计处理的，其他综合收益和其他所有者权益应全部结转。

购买日之前持有的股权投资，采用金融工具确认和计量准则进行会计处理的，应当将按照该准则确定的股权投资的公允价值加上新增投资成本之和，作为改按成本法核算的初始投资成本，原持有股权的公允价值与账面价值之间的差额以及原计入其他综合收益的累计公允价值变动应当全部转入改按成本法核算的当期投资收益。

【例7】2×10年1月1日，A公司以每股5元的价格购入某上市公司B公司的股票100万股,并由此持有B公司2%的股权。A公司与B公司不存在关联方关系。A公司将对B公司的投资作为可供出售金融资产进行会计处理。2×13年1月1日,A公司以现金1.75亿元为对价,向B公司大股东收购B公司50%的股权,相关手续于当日完成。假设A公司购买B公司2%的股权和后续购买50%的股权不构成"一揽子交易",A公司取得B公司控制权之日为2×13年1月1日,B公司当日股价为每股7元,B公司可辨认净资产的公允价值为2亿元,不考虑相关税费等其他因素影响。

购买日前,A公司持有对B公司的股权投资作为可供出售金融资产进行会计处理,购买日前A公司原持有可供出售金融资产的账面价值为700万元(7×100)。

本次追加投资应支付对价的公允价值为17 500万元。

购买日对子公司按成本法核算的初始投资成本为18 200万元(17 500+700)。

购买日前A公司原持有可供出售金融资产相关的其他综合收益为200万元[(7-5)×100],购买日该其他综合收益转入购买日所属当期投资收益。

借:长期股权投资——投资成本 182 000 000
　　贷:可供出售金融资产 　　　　7 000 000
　　　　银行存款　　　　　　　175 000 000
借:其他综合收益　　　　　　　　2 000 000
　　贷:投资收益　　　　　　　　2 000 000

A公司合并财务报表的会计处理参见《企业会计准则第33号——合并财务报表》应用指南(2014)(以下简称合并财务报表应用指南)。

【例8】2×10年1月1日,A公司以现金3 000万元自非关联方处取得了 B 公司 20% 股权，并能够对其施加重大影响。当日，B 公司可辨认净资产公允价值为 1.4 亿元。2×12 年 7 月 1 日，A 公司另支付现金 8 000 万元，自另一非关联方处取得 B 公司 40% 股权，并取得对 B 公司的控制权。购买日，A 公司原持有的对 B 公司的 20% 股权的公允价值为 4 000 万元，账面价值为 3 500 万元，A 公司确认与 B 公司权益法核算相关的累计其他综合收益为 400 万元，其他所有者权益变动 100 万元；B 公司可辨认净资产公允价值为 1.8 亿元。假设 A 公司购买 B 公司 20% 股权和后续购买 40% 的股权的交易不构成"一揽子交易"。以上交易的相关手续均于当日完成。不考虑相关税费等其他因素影响。

购买日前，A 公司持有 B 公司的投资作为联营企业进行会计核算，购买日前 A 公司原持有股权的账面价值为 3 500 万元（3 000 + 400 + 100）。

本次投资应支付对价的公允价值为 8 000 万元。

购买日对子公司按成本法核算的初始投资成本为 11 500 万元（8 000 + 3 500）。

购买日前 A 公司原持有股权相关的其他综合收益 400 万元以及其他所有者权益变动 100 万元在购买日均不进行会计处理。

A 公司合并财务报表的会计处理，见合并财务报表准则应用指南的相关内容。

3. 初始投资成本中包含的已宣告尚未发放现金股利或利润的处理

企业无论是以何种方式取得长期股权投资，取得投资时，对于支付的对价中包含的应享有被投资单位已经宣告但尚未发放的现金股利或利润应确认为应收项目，不构成取得长期股权投资的初始投资成本。

【例9】见〖例1〗，假定甲公司取得该项投资时，乙公司已经宣告但尚未发放现金股利，甲公司按其持股比例计算确定可分得60万元。不考虑所得税影响。

甲公司在确认该长期股权投资时，应将包含的现金股利部分单独进行以下会计处理：

借：长期股权投资——投资成本　163 400 000
　　应收股利　　　　　　　　　　600 000
　贷：银行存款　　　　　　　　164 000 000

4. 或有对价

（1）同一控制下企业合并形成的长期股权投资的或有对价。同一控制下企业合并方式形成的长期股权投资，初始投资时，应按照《企业会计准则第13号——或有事项》（以下简称"或有事项准则"）的规定，判断是否应就或有对价确认预计负债或者确认资产，以及应确认的金额；确认预计负债或资产的，该预计负债或资产金额与后续或有对价结算金额的差额不影响当期损益，而应当调整资本公积（资本溢价或股本溢价），资本公积（资本溢价或股本溢价）不足冲减的，调整留存收益。

（2）非同一控制下企业合并形成的长期股权投资的或有对价，参照企业合并准则的有关规定进行会计处理。

六、关于后续计量

长期股权投资在持有期间，根据投资方对被投资单位的影响程度分别采用成本法及权益法进行核算。

在个别财务报表中，投资性主体对子公司的会计处理应与合并财务报表原则一致。关于投资性主体的理解及具体判断，见合并财务报表准则及其应用指南的相关内容。

风险投资机构、共同基金以及类似主体（如投资连接保险产品）持有的、在初始确认时按照金融工具确认和计量准则的规定以公允价值计量且其变动计入当期损益的金融资产的，应当按照金融工具确认和计量准则进行后续计量。

除上述以外，对子公司的长期股权投资应当按成本法核算，对合营企业、联营企业的长期股权投资应当按权益法核算，不允许选择按照金融工具确认和计量准则进行会计处理。

（一）成本法

1. 成本法的适用范围

根据长期股权投资准则，投资方持有的对子公司投资应当采用成本法核算，投资方为投资性主体且子公司不纳入其合并财务报表的除外。投资方在判断对被投资单位是否具有控制时，应综合考虑直接持有的股权和通过子公司间接持有的股权。在个别财务报表中，投资方进行成本法核算时，应仅考虑直接持有的股权份额。

长期股权准则要求投资方对子公司的长期股权投资采用成本法核算，主要是为了避免在子公司实际宣告发放现金股利或利润之前，母公司垫付资金发放现金股利或利润等情况，解决了原来权益法核算下投资收益不能足额收回导致超分配的问题。

2. 成本法下长期股权投资账面价值的调整及投资损益的确认

采用成本法核算的长期股权投资，在追加投资时，按照追加投资支付的成本的公允价值及发生的相关交易费用增加长期股权投资的账面价值。被投资单位宣告分派现金股利或利润的，投资方根据应享有的部分确认当期投资收益。

【例10】2×12年1月，甲公司自非关联方处以现金800万元取得对乙公司60%的股权，相关手续于当日完成，并能够对乙公司实施控制。2×13年3月，乙公司宣告分派现金股利，甲公司按其持股比例可取得10万元。不考虑相关税费等其他因素影响。

甲公司有关会计处理如下：

2×12年1月：

　　借：长期股权投资——投资成本　　8 000 000
　　　　贷：银行存款　　　　　　　　　　　8 000 000

2×13年3月：

　　借：应收股利　　　　　　　　　　100 000
　　　　贷：投资收益　　　　　　　　　　　100 000

企业按照上述规定确认自被投资单位应分得的现金股利或利润后，应当考虑长期股权投资是否发生减值。在判断该类长期股权投资是否存在减值迹象时，应当关注长期股权投资的账面价值是否大于享有被投资单位净资产（包括相关商誉）账面价值的份额等类似情况。出现类似情况时，企业应当按照资产减值准则对长期股权投资进行减值测试，可收回金额低于长期股权投资账面价值的，应当计提减值准备。

值得注意的是，子公司将未分配利润或盈余公积直接转增股本（实收资本），且未向投资方提供等值现金股利或利润的选择权时，母公司并没有获得收取现金股利或者利润的权力，上述交易通常属于子公司自身权益结构的重分类，母公司不应确认相关的投资收益。

（二）权益法

本准则规定，对合营企业和联营企业投资应当采用权益法核算。投资方在判断对被投资单位是否具有共同控制、重大影响时，应综合考虑直接持有的股权和通过子公司间接持有的股权。在综合考虑直接持有的股权和通过子公司间接持有的股权后，如果认定投资方在被投资单位拥有共同控制或重大影响，在个别财务报表中，投资方进行权益法核算时，应仅考虑直接持有的股权份额；在合并财务报表中，投资方进行权益法核算时，应同时考虑直接持有和间接持有的份额。

按照权益法核算的长期股权投资，一般会计处理为：

（1）初始投资或追加投资时，按照初始投资成本或追加投资的投资成本，增加长期股权投资的账面价值。

（2）比较初始投资成本与投资时应享有被投资单位可辨认净资产公允价值的份额，前者大于后者的，不调整长期股权投资账面价值；前者小于后者的，应当按照二者之间的差额调增长期股权投资的账面价值，同时计入取得投资当期损益。

（3）持有投资期间，随着被投资单位所有者权益的变动相应调整增加或减少长期股权投资的账面价值，并分别以下情况处理：

对于因被投资单位实现净损益和其他综合收益而产生的所有者权益的变动，投资方应当按照应享有的份额，增加或减少长期股权投资的账面价值，同时确认投资损益和其他综合收益；

对于被投资单位宣告分派的利润或现金股利计算应分得的部分，相应减少长期股权投资的账面价值；

对于被投资单位除净损益、其他综合收益以及利润分配以外的因素导致的其他所有者权益变动，相应调整长期股权投资的账面价值，同时确认资本公积（其他资本公积）。

在持有投资期间，被投资单位编制合并财务报表的，应当以合并财务报表中净利润、其他综合收益和其他所有者权益变动中归属于被投资单位的金额为基础进行会计处理。

1. 初始投资成本的调整

投资方取得对联营企业或合营企业的投资以后，对于取得投资时初始投资成本与应享有被投资单位可辨认净资产公允价值份额之间的差额，应区别情况处理。

（1）初始投资成本大于取得投资时应享有被投资单位可辨认净资产公允价值份额的，该部分差额是投资方在取得投资过程中通过作价体现出的与所取得股权份额相对应的商誉价值，这种情况下不要求对长期股权投资的成本进行调整。被投资单位可辨认净资产的公允价值，应当比照企业合并准则的有关规定确定。

（2）初始投资成本小于取得投资时应享有被投资单位可辨认净资产公允价值份额的，两者之间的差额体现为双方在交易作价过程中转让方的让步，该部分经济利益流入应计入取得投资当期的营业外收入，同时调整增加长期股权投资的账面价值。

【例11】2×11年1月，A公司于取得B公司30%的股权，支付价款6 000万元。取得投资时，被投资单位净资产账面价值为15 000万元（假定被投资单位各项可辨认净资产的公允价值与其账面价值相同）。A公司在取得B公司的股权后，能够对B公司施加重大影响。不考虑相关税费等其他因素影响。

本例中，应对该投资采用权益法核算。取得投资时，A公司有关会计处理如下：

借：长期股权投资——投资成本　60 000 000
　　贷：银行存款　　　　　　　　　　60 000 000

长期股权投资的初始投资成本6 000万元大于取得投资时应享有被投资单位可辨认净资产公允价值的份额4 500万元（15 000×30%），该差额1 500万元不调整长期股权投资的账面价值。

假定本例中取得投资时被投资单位可辨认净资产的公允价值为24 000万元，A企业按持股比例30%计算确定应享有7 200万元，则初始投资成本与应享有被投资单位可辨认净资产公允价值份额之间的差额1 200万元应计入取得投资当期的营业外收入。有关会计处理如下：

借：长期股权投资——投资成本　72 000 000
　　贷：银行存款　　　　　　　　　　60 000 000
　　　　营业外收入　　　　　　　　　12 000 000

2. 投资损益的确认

采用权益法核算的长期股权投资，在确认应享有（或分担）被投资单位的净利润（或净亏损）时，在被投资单位账面净利润的基础上，应考虑以下因素的影响进行适当调整：

（1）被投资单位采用的会计政策和会计期间与投资方不一致的，应按投资方的会计政策和会计期间对被投资单位的财务报表进行调整，在此基础上确定被投资单位的损益。

权益法下，是将投资方与被投资单位作为一个整体对待，作为一个整体其所产生的损益，应当在一致的会计政策基础上确定，被投资单位采用的会计政策与投资方不同的，投资方应当基于重要性原则，按照本企业的会计政策对被投资单位的损益进行调整。

（2）以取得投资时被投资单位固定资产、无形资产等的公允价值为基础计提的折旧额或摊销额，以及有关资产减值准备金额等对被投资单位净利润的影响。

被投资单位利润表中的净利润是以其持有的资产、负债账面价值为基础持续计算的，而投资方在取得投资时，是以被投资单位有关资产、负债的公允价值为基础确定投资成本，取得投资后应确认的投资收益代表的是被投资单位资产、负债在公允价值计量的情况下在未来期间通过经营产生的损益中归属于投资方的部分。投资方取得投资时，被投资单位有关资产、负债的公允价值与其账面价值不同的，未来期间，在计算归属于投资方应享有的净利润或应承担的净亏损时，应考虑被投资单位计提的折旧额、摊销额以及资产减值准备金额等进行调整。

值得注意的是，尽管在评估投资方对被投资单位是否具有重大影响时，应当考虑潜在表决权的影响，但在确定应享有的被投资单位实现的净损益、其他综合收益和其他所有者权益变动的份额时，潜在表决权所对应的权益份额不应予以考虑。

此外，如果被投资单位发行了分类为权益的可累积优先股等类似的权益工具，无论被投资单位是否宣告分配优先股股利，投资方计算应享有被投资单位的净利润时，均应将归属于其他投资方的累积优先股股利予以扣除。

【例12】2×13年1月10日，甲公司购入乙公司30%的股份，购买价款为2 200万元，自取得投资之日起能够对乙公司施加重大影响。取得投资当日，乙公司可辨认净资产公允价值为 6 000 万元,除表 2 所列项目外,乙公司其他资产、负债的公允价值与账面价值相同。

表 2　　　　　　　　　　　　　　　　　　单位:万元

项目	账面原价	已提折旧或摊销	公允价值	乙公司预计使用年限	甲公司取得投资后剩余使用年限
存货	500		700		
固定资产	1 200	240	1 600	20	16
无形资产	700	140	800	10	8
小计	2 400	380	3 100		

假定乙公司于 2×13 年实现净利润 600 万元,其中在甲公司取得投资时的账面存货有 80% 对外出售。甲公司与乙公司的会计年度及采用的会计政策相同。固定资产、无形资产等均按直线法提取折旧或摊销,预计净残值均为 0。假定甲、乙公司间未发生其他任何内部交易。

2×13 年 12 月 31 日,甲公司在确定其应享有的投资收益时,应在乙公司实现净利润的基础上,根据取得投资时乙公司有关资产的账面价值与其公允价值差额的影响进行调整(假定不考虑所得税及其他税费等因素影响):

存货账面价值与公允价值的差额应调减的利润为 160 万元〔(700 - 500)×80%〕。

固定资产公允价值与账面价值差额应调整增加的折旧额为 40 万元(1 600÷16 - 1 200÷20)。

无形资产公允价值与账面价值差额应调整增加的摊销额为 30 万元(800÷8 - 700÷10)。

调整后的净利润为 370 万元(600 - 160 - 40 - 30)。

按照甲公司应享有份额为 111 万元(370×30%)。

确认投资收益的相关会计处理如下:

借：长期股权投资——损益调整　　1 110 000
　　贷：投资收益　　　　　　　　　　　1 110 000

（3）对于投资方或纳入投资方合并财务报表范围的子公司与其联营企业及合营企业之间发生的未实现内部交易损益应予抵销。即，投资方与联营企业及合营企业之间发生的未实现内部交易损益，按照应享有的比例计算归属于投资方的部分，应当予以抵销，在此基础上确认投资损益。投资方与被投资单位发生的内部交易损失，按照资产减值准则等规定属于资产减值损失的，应当全额确认。

投资方与其联营企业和合营企业之间的未实现内部交易损益抵销与投资方与子公司之间的未实现内部交易损益抵销有所不同，母子公司之间的未实现内部交易损益在合并财务报表中是全额抵销的（无论是全资子公司还是非全资子公司），而投资方与其联营企业和合营企业之间的未实现内部交易损益抵销仅仅是投资方（或是纳入投资方合并财务报表范围的子公司）享有联营企业或合营企业的权益份额。

应当注意的是，投资方与联营、合营企业之间发生投出或出售资产的交易，该资产构成业务的，应当按照《企业会计准则第20号——企业合并》、《企业会计准则第33号——合并财务报表》的有关规定进行会计处理。有关会计处理如下：

①联营、合营企业向投资方出售业务的，投资方应按《企业会计准则第20号——企业合并》的规定进行会计处理。投资方应全额确认与交易相关的利得或损失。

②投资方向联营、合营企业投出业务，投资方因此取得长期股权投资但未取得控制权的，应以投出业务的公允价值作为新增长期股权投资的初始投资成本，初始投资成

本与投出业务的账面价值之差,全额计入当期损益。投资方向联营、合营企业出售业务,取得的对价与业务的账面价值之间的差额,全额计入当期损益。

【例13】甲公司为某汽车生产厂商。2×13年1月,甲公司以其所属的从事汽车配饰生产的一个分公司(构成业务),向其持股30%的联营企业乙公司增资。同时,乙公司的其他投资方(持有乙企业70%股权)也以现金4 200万元向乙公司增资。增资后,甲公司对乙公司的持股比例不变,并仍能施加重大影响。上述分公司(构成业务)的净资产(资产与负债的差额,下同)账面价值为1 000万元。该业务的公允价值为1 800万元。不考虑相关税费等其他因素影响。

本例中,甲公司是将一项业务投给联营企业作为增资。甲公司应当按照所投出分公司(业务)的公允价值1 800万元作为新取得长期股权投资的初始投资成本,初始投资成本与所投出业务的净资产账面价值1 000万元之间的差额800万元应全额计入当期损益。

投出或出售的资产不构成业务的,应当分别顺流交易和逆流交易进行会计处理。顺流交易是指投资方向其联营企业或合营企业投出或出售资产。逆流交易是指联营企业或合营企业向投资方出售资产。未实现内部交易损益体现在投资方或其联营企业、合营企业持有的资产账面价值中的,在计算确认投资损益时应予抵销。

①对于投资方向联营企业或合营企业投出或出售资产的顺流交易,在该交易存在未实现内部交易损益的情况下(即有关资产未对外部独立第三方出售或未被消耗),投资方在采用权益法计算确认应享有联营企业或合营企业的投资损益时,应抵销该未实现内部交易损益的影响,同时调

整对联营企业或合营企业长期股权投资的账面价值；投资方因投出或出售资产给其联营企业或合营企业而产生的损益中，应仅限于确认归属于联营企业或合营企业其他投资方的部分。即在顺流交易中，投资方投出资产或出售资产给其联营企业或合营企业产生的损益中，按照应享有比例计算确定归属于本企业的部分不予确认。

【例14】2×10年1月，甲公司取得了乙公司20%有表决权的股份，能够对乙公司施加重大影响。2×13年11月，甲公司将其账面价值为600万元的商品以900万元的价格出售给乙公司，乙公司将取得的商品作为管理用固定资产，预计使用寿命为10年，净残值为0。假定甲公司取得该项投资时，乙公司各项可辨认资产、负债的公允价值与其账面价值相同，两者在以前期间未发生过内部交易。乙公司2×13年实现净利润为1 000万元。不考虑所得税及其他相关税费等其他因素影响。

本例中，甲公司在该项交易中实现利润300万元，其中的60万元（300×20%）是针对本公司持有的对联营企业的权益份额，在采用权益法计算确认投资损益时应予抵销，同时应考虑相关固定资产折旧对损益的影响，即甲公司应当进行以下会计处理：

借：长期股权投资——损益调整
　　[（10 000 000 − 3 000 000 + 25 000）×20%]
　　　　　　　　　　　　　　　　1 405 000
　　贷：投资收益　　　　　　　　1 405 000

②对于联营企业或合营企业向投资方投出或出售资产的逆流交易，比照上述顺流交易处理。

应当说明的是，投资方与其联营企业及合营企业之间发生的无论是顺流交易还是逆流交易产生的未实现内部交易损失,其中属于所转让资产发生减值损失的,有关未实现内部交易损失不应予以抵销。

【例15】2×10年1月,甲公司取得乙公司20%有表决权的股份,能够对乙公司施加重大影响。2×13年,甲公司将其账面价值为400万元的商品以320万元的价格出售给乙公司。2×13年资产负债表日,该批商品尚未对外部第三方出售。假定甲公司取得取该项投资时,乙公司各项可辨认资产、负债的公允价值与其账面价值相同,两者在以前期间未发生过内部交易。乙公司2×13年净利润为1 000万元。不考虑相关税费等其他因素影响。

甲公司在确认应享有乙公司2×13年净损益时,如果有证据表明该商品交易价格320万元其账面价值400万元之间的差额为减值损失的,不应予以抵销。甲公司应当进行以下会计处理:

借:长期股权投资——损益调整
　　　(10 000 000×20%)　　　　　2 000 000
　贷:投资收益　　　　　　　　　　　2 000 000

3. 被投资单位其他综合收益变动的处理

被投资单位其他综合收益发生变动的,投资方应当按照归属于本企业的部分,相应调整长期股权投资的账面价值,同时增加或减少其他综合收益。

【例16】A企业持有B企业30%的股份,能够对B企业施加重大影响。当期B企业因持有的可供出售金融资产公允价值的变动计入其他综合收益的金额为1 200万元,除该事项外,B企业当期实现的净损益为6 400万元。假定A企业与B企业适用的会计政策、会计期间相同,投资时B企业各项可辨认资产、负债的公允价值与其账面价值亦相同。双方在当期及以前期间未发生任何内部交易。不考虑所得税影响因素。

A企业在确认应享有被投资单位所有者权益的变动时：
借：长期股权投资——损益调整　19 200 000
　　　　　　　　——其他综合收益
　　　　　　　　　　　　　　　3 600 000
　　贷：投资收益　　　　　　　19 200 000
　　　　其他综合收益　　　　　 3 600 000

4. 取得现金股利或利润的处理

按照权益法核算的长期股权投资，投资方自被投资单位取得的现金股利或利润，应抵减长期股权投资的账面价值。在被投资单位宣告分派现金股利或利润时，借记"应收股利"科目，贷记"长期股权投资——损益调整"科目。

5. 超额亏损的确认

长期股权投资准则规定，投资方确认应分担被投资单位发生的损失，原则上应以长期股权投资及其他实质上构成对被投资单位净投资的长期权益减记至零为限，投资方负有承担额外损失义务的除外。

这里所讲"其他实质上构成对被投资单位净投资的长期权益"通常是指长期应收项目，比如，投资方对被投资单位的长期债权，该债权没有明确的清收计划、且在可预见的未来期间不准备收回的，实质上构成对被投资单位的净投资。应予说明的是，该类长期权益不包括投资方与被投资单位之间因销售商品、提供劳务等日常活动所产生的长期债权。

按照长期股权投资准则的规定，投资方在确认应分担被投资单位发生的亏损时，应将长期股权投资及其他实质上构成对被投资单位净投资的长期权益项目的账面价值综合起来考虑，在长期股权投资的账面价值减记至零的情况下，如果仍有未确认的投资损失，应以其他长期权益的账面价值为基础继续确认。另外，投资方在确认应分担被投资单位的净损失时，除应考虑长期股权投资及其他长期权益的账面价值以外，如果在投资合同或协议中约定将履行其他额外的损失补偿义务，还应按《企业会计准则第13号——或有事项》的规定确认预计将承担的损失金额。

值得注意的是，在合并财务报表中，子公司发生超额亏损的，子公司少数股东应当按照持股比例分担超额亏损。即在合并财务报表中，子公司少数股东分担的当期亏损超过了少数股东在该子公司期初所有者权益中所享有的份额的，其余额应当冲减少数股东权益。

在确认了有关的投资损失以后，被投资单位以后期间实现盈利的，应按以上相反顺序分别减记已确认的预计负债、恢复其他长期权益和长期股权投资的账面价值，同时确认投资收益。即应当按顺序分别借记"预计负债"、"长期应收款"、"长期股权投资"等科目，贷记"投资收益"科目。

【例17】甲企业持有乙企业40%的股权，能够对乙企业施加重大影响。2×12年12月31日，该项长期股权投资的账面价值为4 000万元。2×13年，乙企业由于一项主要经营业务市场条件发生变化，当年亏损6 000万元。假定甲企业在取得该投资时，乙企业各项可辨认资产、负债的公允价值与其账面价值相等，双方所采用的会计政策及会计期间也相同。因此，甲企业当年度应确认的投资损失为2 400万元。确认上述投资损失后，长期股权投资的账面价值变为1 600万元。不考虑相关税费等其他因素影响。

如果乙企业2×13年的亏损额为12 000万元，甲企业按其持股比例确认应分担的损失为 4 800 万元，但长期股权投资的账面价值仅为 4 000 万元，如果没有其他实质上构成对被投资单位净投资的长期权益项目，则甲企业应确认的投资损失仅为 4 000 万元，超额损失在账外进行备查登记；在确认了 4 000 万元的投资损失，长期股权投资的账面价值减记至零以后，如果甲企业账上仍有应收乙企业的长期应收款 1 600 万元，该款项从目前情况看，没有明确的清偿计划，且在可预见的未来期间不准备收回（并非产生于商品购销等日常活动），则甲企业应进行以下会计处理：

借：投资收益　　　　　　　　　40 000 000
　　贷：长期股权投资——损益调整　40 000 000
借：投资收益　　　　　　　　　8 000 000
　　贷：长期应收款　　　　　　　　8 000 000

6. 被投资单位除净损益、其他综合收益以及利润分配以外的所有者权益的其他变动

被投资单位除净损益、其他综合收益以及利润分配以外的所有者权益的其他变动的因素，主要包括被投资单位接受其他股东的资本性投入、被投资单位发行可分离交易的可转债中包含的权益成分、以权益结算的股份支付、其他股东对被投资单位增资导致投资方持股比例变动等。投资方应按所持股权比例计算应享有的份额，调整长期股权投资的账面价值，同时计入资本公积（其他资本公积），并在备查簿中予以登记，投资方在后续处置股权投资但对剩余股权仍采用权益法核算时，应按处置比例将这部分资本公积转入当期投资收益；对剩余股权终止权益法核算时，将这部分资本公积全部转入当期投资收益。

【例18】2×10 年 3 月 20 日，A、B、C 公司分别以现

金200万元、400万元和400万元出资设立D公司，分别持有D公司20％、40％、40％的股权。A公司对D公司具有重大影响，采用权益法对有关长期股权投资进行核算。D公司自设立日起至2×12年1月1日实现净损益1 000万元，除此以外，无其他影响净资产的事项。2×12年1月1日，经A、B、C公司协商，B公司对D公司增资800万元，增资后D公司净资产为2 800万元，A、B、C公司分别持有D公司15％、50％、35％的股权。相关手续于当日完成。假定A公司与D公司适用的会计政策、会计期间相同，双方在当期及以前期间未发生其他内部交易。不考虑相关税费等其他因素影响。

本例中，2×12年1月1日，B公司增资前，D公司的净资产账面价值为2 000万元，A公司应享有D公司权益的份额为400万元（2 000×20％）。B公司单方面增资后，D公司的净资产增加800万元，A公司应享有D公司权益的份额为420万元（2 800×15％）。A公司享有的权益变动20万元（420－400），属于D公司除净损益、其他综合收益和利润分配以外所有者权益的其他变动。A公司对D公司的长期股权投资的账面价值应调增20万元，并相应调整"资本公积——其他资本公积"。

7. 投资方持股比例增加但仍采用权益法核算的处理

投资方因增加投资等原因对被投资单位的持股比例增加，但被投资单位仍然是投资方的联营企业或合营企业时，投资方应当按照新的持股比例对股权投资继续采用权益法进行核算。在新增投资日，如果新增投资成本大于按新增持股比例计算的被投资单位可辨认净资产于新增投资日的公允价值份额，不调整长期股权投资成本；如果新增投资成本小于按新增持股比例计算的被投资单位可辨认净资产于新增投资日的公允价值份额,应按该差额,调整长期股权投资成本和营业外收入。进行上述调整时,应当综合考虑与原持有投资和追加投资相关的商誉或计入损益的金额。

【例19】2×10年1月1日,A公司以现金2 500万元向非关联方购买B公司20%的股权,并对B公司具有重大影响。当日,B公司可辨认净资产公允价值与账面价值相等,均为10 000万元。2×10年1月1日至2×13年1月1日期间,B公司实现净损益2 000万元,除此以外,无其他引起净资产发生变动的事项。2×13年1月1日,A公司以现金1 200万元向另一非关联方购买B公司10%的股权,仍对B公司具有重大影响,相关手续于当日完成。当日,B公司可辨认净资产公允价值为1.5亿元。不考虑相关税费等其他因素影响。

本例中,A公司于2×10年1月1日第一次购买B公司股权时,应享有B公司可辨认净资产公允价值份额为2 000万元(10 000万元×20%),A公司支付对价的公允价值为2 500万元,因此A公司2×10年1月1日确认对B公司的长期股权投资的初始投资成本为2 500万元,其中含500万元的内含商誉。

借:长期股权投资——投资成本　25 000 000
　　贷:银行存款　　　　　　　　　25 000 000

A公司2×13年1月1日第二次购买B公司股权时,应享有B公司可辨认净资产公允价值份额为1 500万元(15 000万元×10%),A公司支付对价的公允价值为1 200万元,A公司本应调整第二次投资的长期股权投资成本为1 500万元,并将300万元的负商誉确认300万元的营业外收入,然而,由于A公司第一次权益法投资时确认了500万元的内含正商誉，两次商誉综合考虑后的金额为正商誉200万元，因此，A公司2×13年1月1日确认的对第二次投资的长期股权投资的初始投资成本仍为1 200万元，并在备查簿中记录两次投资各自产生的商誉和第二次投资时综合考虑两次投资产生的商誉后的调整情况。

借：长期股权投资　　　　　　　　12 000 000
　　贷：银行存款　　　　　　　　　　12 000 000

七、长期股权投资核算方法的转换

（一）公允价值计量转权益法核算

原持有的对被投资单位的股权投资（不具有控制、共同控制或重大影响的），按照金融工具确认和计量准则进行会计处理的，因追加投资等原因导致持股比例上升，能够对被投资单位施加共同控制或重大影响的，在转按权益法核算时，投资方应当按照金融工具确认和计量准则确定的原股权投资的公允价值加上为取得新增投资而应支付对价的公允价值，作为改按权益法核算的初始投资成本。原持有的股权投资分类为可供出售金融资产的，其公允价值与账面价值之间的差额，以及原计入其他综合收益的累计公允价值变动应当转入改按权益法核算的当期损益。

然后，比较上述计算所得的初始投资成本，与按照追加投资后全新的持股比例计算确定的应享有被投资单位在追加投资日可辨认净资产公允价值份额之间的差额，前者大于后者的，不调整长期股权投资的账面价值；前者小于后者的，差额应调整长期股权投资的账面价值，并计入当期营业外收入。

【例20】 2×12年2月，A公司以600万元现金自非关联方处取得B公司10%的股权。A公司根据金融工具确认和计量准则将其作为可供出售金融资产。2×13年1月2日，A公司又以1 200万元的现金自另一非关联方处取得B公司12%的股权，相关手续于当日完成。当日，B公司可辨认净资产公允价值总额为8 000万元，A公司对B公司的可供出售金融资产的账面价值1 000万元，计入其他综合收益的累计公允价值变动为400万元。取得该部分股权后，按照B公司章程规定，A公司能够对B公司施加重大影响，对该项股权投资转为采用权益法核算。不考虑相关税费等其他因素影响。

本例中，2×13年1月2日，A公司原持有10%股权的公允价值为1 000万元，为取得新增投资而支付对价的公允价值为1 200万元，因此A公司对B公司22%股权的初始投资成本为2 200万元。

A公司对B公司新持股比例为22%，应享有B公司可辨认净资产公允价值的份额为1 760万元（8 000万元×22%）。由于初始投资成本（2 200万元）大于应享有B公司可辨认净资产公允价值的份额（1 760万元），因此，A公司无需调整长期股权投资的成本。

2×13年1月2日，A公司确认对B公司的长期股权投资，进行会计处理如下：

借：长期股权投资——投资成本　22 000 000
　　资本公积—其他资本公积　　4 000 000
　贷：可供出售金融资产　　　　10 000 000
　　　银行存款　　　　　　　　12 000 000
　　　投资收益　　　　　　　　 4 000 000

（二）公允价值计量或权益法核算转成本法核算

投资方原持有的对被投资单位不具有控制、共同控制或重大影响的按照金融工具确认和计量准则进行会计处理的权益性投资，或者原持有对联营企业、合营企业的长期股权投资，因追加投资等原因，能够对被投资单位实施控制的，应按本指南有关企业合并形成的长期股权投资的指引进行会计处理。

（三）权益法核算转公允价值计量

原持有的对被投资单位具有共同控制或重大影响的长期股权投资，因部分处置等原因导致持股比例下降，不能再对被投资单位实施共同控制或重大影响的，应改按金融工具确认和计量准则对剩余股权投资进行会计处理，其在丧失共同控制或重大影响之日的公允价值与账面价值之间的差额计入当期损益。原采用权益法核算的相关其他综合收益应当在终止采用权益法核算时，采用与被投资单位直接处置相关资产或负债相同的基础进行会计处理，因被投资方除净损益、其他综合收益和利润分配以外的其他所有者权益变动而确认的所有者权益，应当在终止采用权益法核算时全部转入当期损益。

【例21】甲公司持有乙公司30%的有表决权股份，能够对乙公司施加重大影响，对该股权投资采用权益法核算。2×12年10月，甲公司将该项投资中的50%出售给非关联方，取得价款1 800万元。相关手续于当日完成。甲公司无法再对乙公司施加重大影响，将剩余股权投资转为可供出售金融资产。出售时，该项长期股权投资的账面价值为3 200万元，其中投资成本2 600万元，损益调整为

300万元，其他综合收益为200万元（性质为被投资单位的可供出售金融资产的累计公允价值变动），除净损益、其他综合收益和利润分配外的其他所有者权益变动为100万元。剩余股权的公允价值为1 800万元。不考虑相关税费等其他因素影响。

甲公司有关会计处理如下：

1. 确认有关股权投资的处置损益。

借：银行存款　　　　　　　　　18 000 000
　　贷：长期股权投资　　　　　　16 000 000
　　　　投资收益　　　　　　　　 2 000 000

2. 由于终止采用权益法核算，将原确认的相关其他综合收益全部转入当期损益。

借：其他综合收益　　　　　　　　2 000 000
　　贷：投资收益　　　　　　　　 2 000 000

3. 由于终止采用权益法核算，将原计入资本公积的其他所有者权益变动全部转入当期损益。

借：资本公积——其他资本公积　　1 000 000
　　贷：投资收益　　　　　　　　 1 000 000

4. 剩余股权投资转为可供出售金融资产，当天公允价值为1 800万元，账面价值为1 600万元，两者差异应计入当期投资收益。

借：可供出售金融资产　　　　　　18 000 000
　　贷：长期股权投资　　　　　　16 000 000
　　　　投资收益　　　　　　　　 2 000 000

（四）成本法转权益法

因处置投资等原因导致对被投资单位由能够实施控制转为具有重大影响或者与其他投资方一起实施共同控制

的，首先应按处置投资的比例结转应终止确认的长期股权投资成本。

然后，比较剩余长期股权投资的成本与按照剩余持股比例计算原投资时应享有被投资单位可辨认净资产公允价值的份额，前者大于后者的，属于投资作价中体现的商誉部分，不调整长期股权投资的账面价值；前者小于后者的，在调整长期股权投资成本的同时，调整留存收益。

对于原取得投资时至处置投资时（转为权益法核算）之间被投资单位实现净损益中投资方应享有的份额，一方面应当调整长期股权投资的账面价值，同时，对于原取得投资时至处置投资当期期初被投资单位实现的净损益（扣除已宣告发放的现金股利和利润）中应享有的份额，调整留存收益，对于处置投资当期期初至处置投资之日被投资单位实现的净损益中享有的份额，调整当期损益；在被投资单位其他综合收益变动中应享有的份额，在调整长期股权投资账面价值的同时，应当计入其他综合收益；除净损益、其他综合收益和利润分配外的其他原因导致被投资单位其他所有者权益变动中应享有的份额，在调整长期股权投资账面价值的同时，应当计入资本公积（其他资本公积）。长期股权投资自成本法转为权益法后，未来期间应当按照长期股权投资准则规定计算确认应享有被投资单位实现的净损益、其他综合收益和所有者权益其他变动的份额。

【例22】A公司原持有B公司60%的股权，能够对B公司实施控制。2×12年11月6日，A公司对B公司的长期股权投资的账面价值为6 000万元，未计提减值准备，A公司将其持有的对B公司长期股权投资中的1/3出售给非关联方，取得价款3 600万元，当日被投资单位可辨认净资产公允价值总额为16 000万元。相关手续于当日完成，A公司不再对B公司实施控制，但具有重大影响。A公司原取得B公司60%股权时，B公司可辨认净资产公允价值总额为9 000万元（假定公允价值与账面价值相同）。自A公司取得对B公司长期股权投资后至部分处置投资前，B公司实现净利润5 000万元。其中，自A公司取得投资日至2×12年年初实现净利润4 000万元。假定B公司一直未进行利润分配。除所实现净损益外，B公司未发生其他计入资本公积的交易或事项。A公司按净利润的10%提取盈余公积。不考虑相关税费等其他因素影响。

本例中，在出售20%的股权后，A公司对B公司的持股比例为40%，对B公司施加重大影响。对B公司长期股权投资应由成本法改为按照权益法核算。有关会计处理如下：

1. 确认长期股权投资处置损益。

借：银行存款　　　　　　　　　36 000 000
　　贷：长期股权投资　　　　　　20 000 000
　　　　投资收益　　　　　　　　16 000 000

2. 调整长期股权投资账面价值。

剩余长期股权投资的账面价值为4 000万元，与原投资时应享有被投资单位可辨认净资产公允价值份额之间的差额400万元（4 000－9 000×40%）为商誉，该部分商誉的价值不需要对长期股权投资的成本进行调整。

处置投资以后按照持股比例计算享有被投资单位自购买日至处置投资日期初之间实现的净损益为1 600万元（4 000×40%），应调整增加长期股权投资的账面价值，同时调整留存收益；处置期初至处置日之间实现的净损益400万元，应调整增加长期股权投资的账面价值，同时计入当期投资收益。企业应进行以下会计处理：

　　借：长期股权投资　　　　　　　20 000 000
　　　　贷：盈余公积　　　　　　　　　1 600 000
　　　　　　利润分配——未分配利润　14 400 000
　　　　　　投资收益　　　　　　　　　4 000 000

（五）成本法核算转公允价值计量

　　原持有的对被投资单位具有控制的长期股权投资，因部分处置等原因导致持股比例下降，不能再对被投资单位实施控制、共同控制或重大影响的，应改按金融工具确认和计量准则进行会计处理，在丧失控制之日的公允价值与账面价值之间的差额计入当期投资收益。

　　【例23】甲公司持有乙公司60%的有表决权股份，能够对乙公司实施控制，对该股权投资采用成本法核算。2×12年10月，甲公司将该项投资中的80%出售给非关联方，取得价款8 000万元。相关手续于当日完成。甲公司无法再对乙公司实施控制，也不能施加共同控制或重大影响，将剩余股权投资转为可供出售金融资产。出售时，该项长期股权投资的账面价值为8 000万元，剩余股权投资的公允价值为2 000万元。不考虑相关税费等其他因素影响。

　　甲公司有关会计处理如下：
　　1. 确认有关股权投资的处置损益。
　　借：银行存款　　　　　　　　　80 000 000
　　　　贷：长期股权投资　　　　　　64 000 000
　　　　　　投资收益　　　　　　　　16 000 000

　　2. 剩余股权投资转为可供出售金融资产，当天公允价值为2 000万元，账面价值为1 600万元，两者差异应计入当期投资收益。

借：可供出售金融资产　　　　　20 000 000
　　贷：长期股权投资　　　　　　　16 000 000
　　　　投资收益　　　　　　　　　 4 000 000

八、关于股票股利的处理

被投资单位分派股票股利的，投资方不作会计处理，但应于除权日注明所增加的股数，以反映股份的变化情况。

九、关于投资性主体转变时的会计处理

当企业由非投资性主体转变为投资性主体时，其对自转变日起不再纳入合并财务报表范围的子公司采用公允价值计量且其变动计入当期损益，转变日公允价值和原账面价值的差额计入所有者权益。

当企业由投资性主体转变为非投资性主体时，其对自转变日起开始纳入合并财务报表范围的子公司采用成本法进行后续计量。转变日的公允价值为成本法核算的初始成本。

十、关于处置和相关所得税影响

（一）处置

企业持有长期股权投资的过程中，由于各方面的考虑，决定将所持有的对被投资单位的股权全部或部分对外

出售时，应相应结转与所售股权相对应的长期股权投资的账面价值，一般情况下，出售所得价款与处置长期股权投资账面价值之间的差额，应确认为处置损益。

投资方全部处置权益法核算的长期股权投资时，原权益法核算的相关其他综合收益应当在终止采用权益法核算时采用与被投资单位直接处置相关资产或负债相同的基础进行会计处理，因被投资方除净损益、其他综合收益和利润分配以外的其他所有者权益变动而确认的所有者权益，应当在终止采用权益法核算时全部转入当期投资收益。投资方部分处置权益法核算的长期股权投资，剩余股权仍采用权益法核算的，原权益法核算的相关其他综合收益应当采用与被投资单位直接处置相关资产或负债相同的基础处理并按比例结转，因被投资方除净损益、其他综合收益和利润分配以外的其他所有者权益变动而确认的所有者权益，应当按比例结转入当期投资收益。

【例24】A公司持有B公司40%的股权并采用权益法核算。2×13年7月1日，A公司将B公司20%的股权出售给第三方C公司，对剩余20%的股权仍采用权益法核算。A公司取得B公司股权至2×13年7月1日期间，确认的相关其他综合收益为400万元（其中：350万元为按比例享有的B公司可供出售金融资产的公允价值变动，50万元为按比例享有的B公司重新计量设定受益计划净负债或净资产所产生的变动），享有B公司除净损益、其他综合收益和利润分配以外的其他所有者权益变动为100万元。不考虑相关税费等其他因素影响。

A公司原持有股权相关的其他综合收益和其他所有者权益变动应按如下方法进行会计处理：

1. 其他综合收益

（1）转入当期损益。

350万元的其他综合收益属于被投资单位可供出售金融资产的公允价值变动，由于剩余股权仍继续根据长期股权投资准则采用权益法进行核算，因此，应按处置比例（20%/40%）相应结转计入当期投资收益350/2＝175（万元）。

（2）转入其他的权益科目。

50万元的其他综合收益属于被投资单位重新计量设定受益计划净负债或净资产所产生的变动，由于剩余股权仍继续根据长期股权投资准则采用权益法进行核算，因此，应按处置比例（20%/40%）并按照被投资单位处置相关资产或负债相同的基础进行会计处理。

2. 其他所有者权益变动

由于剩余股权仍继续根据长期股权投资准则采用权益法进行核算，因此应按处置比例（20%/40%）相应结转计入当期投资收益100/2＝50（万元）。

再假设，2×13年12月，A公司再向第三方公司处置B公司15%的股权，剩余5%股权作为可供出售金融资产，按金融资产确认和计量准则进行会计处理。A公司原持有股权相关的其他综合收益和其他所有者权益变动应按以下方法进行会计处理：

1. 其他综合收益

（1）转入当期损益。

处置后的剩余股权改按金融资产确认和计量准则进行会计处理，其他综合收益175万元属于被投资单位可供出售金融资产的公允价值变动，应在转换日全部结转，同时计入当期投资收益。

(2) 转入其他的权益科目。

处置后的剩余股权改按金融资产确认和计量准则进行会计处理，其他综合收益25万元属于被投资单位重新计量设定受益计划净负债或净资产所产生的变动，按照被投资单位处置相关资产或负债相同的基础进行会计处理。

2. 其他所有者权益变动

由于剩余股权改按金融资产确认和计量准则进行会计处理，因此，应在转换日全部结转，计入当期投资收益50万元。

企业部分处置持有的长期股权投资仍持有剩余股权时，在转换日的会计处理应参看本指南关于长期股权投资核算方法的转换的内容。

企业通过多次交易分步处置对子公司股权投资直至丧失控制权，如果上述交易属于一揽子交易的，应当将各项交易作为一项处置子公司股权投资并丧失控制权的交易进行会计处理；但是，在丧失控制权之前每一次处置价款与所处置的股权对应得长期股权投资账面价值之间的差额，在个别财务报表中，应当先确认为其他综合收益，到丧失控制权时再一并转入丧失控制权的当期损益。

（二）相关所得税影响

根据我国《企业所得税法》的相关规定，符合条件的居民企业之间的股息、红利等权益性投资收益为免税收入。因此，通常情况下，当居民企业持有另一居民企业的股权意图为长期持有，通过股息、红利或者其他协同效应获取回报时，其实质所得税率为零，不存在相关所得税费用。只有当居民企业通过转让股权获取资本利得收益时，该笔资产转让利得才产生相应的所得税费用。

从资产负债表角度考虑，资产的账面价值代表的是企业在持续持有及最终处置某项资产的一定期间内，该项资产能够为企业带来的未来经济利益，而其计税基础代表的是在这一期间内，就该项资产按照税法规定可以税前扣除的金额。当资产的账面价值大于其计税基础的，两者之间的差额将会于未来期间产生应税金额，增加未来期间的应纳税所得额及应交所得税，对企业形成经济利益流出的义务。根据《企业会计准则第18号——所得税》的相关规定，企业对与子公司、联营企业、合营企业投资等相关的应纳税暂时性差异，应当确认递延所得税负债，只有在同时满足以下两个条件时除外：一是投资企业能够控制暂时性差异转回的时间；二是该暂时性差异在可预见的未来很可能不会转回。当投资方改变其持有投资意图拟对外出售时，不再符合上述条件，应确认其递延所得税影响。

第三部分
《企业会计准则第2号——长期股权投资》修订说明

第三部分 《企业会计准则第2号——长期股权投资》修订说明

适应社会主义市场经济发展的需要，为进一步完善企业会计准则体系，提高企业会计信息质量，我部对《企业会计准则第2号——长期股权投资》（以下简称"本准则"）进行了修订，并于2014年3月13日予以印发，自2014年7月1日起在所有执行企业会计准则的企业范围内施行，鼓励在境外上市的企业提前执行。我部于2006年2月15日发布的《财政部关于印发〈企业会计准则第1号——存货〉等38项具体准则的通知》（财会〔2006〕3号）中的《企业会计准则第2号——长期股权投资》同时废止。有关情况说明如下：

一、本准则的修订背景

（一）适应企业实务需要

原准则对权益法的有关会计处理作出了规定。近年来，实务中反映，关于被投资方除净损益、其他综合收益和分红以外的其他权益变动，原准则的相关规定仍不够明确，不能满足实务需要。为推动企业会计准则的有效实施、提高企业会计信息质量，有必要通过修订原准则进一步明确此问题。

（二）整合企业会计准则解释和年报通知等相关内容

原准则发布后，我部陆续通过企业会计准则解释1-6号、年报通知等文件对准则中的部分内容进行了修订和完善。但由于上述规定散见在多个文件中，同时法律层次较低，不便于企业贯彻实施，有必要对有关规定进行全面梳理和整合，修订、完善原准则。

（三）与国际财务报告准则持续趋同

国际会计准则理事会（IASB）于 2011 年发布《国际财务报告准则第 10 号——合并财务报表》（IFRS10），以取代《国际会计准则第 27 号——合并财务报表和单独财务报表》有关合并财务报表的部分以及《解释公告第 12 号——合并：特殊目的主体》。同年，IASB 还发布了《国际财务报告准则第 11 号——合营安排》（IFRS11）和《国际财务报告准则第 12 号——在其他主体中权益的披露》（IFRS12），并对《国际会计准则第 28 号——对联营、合营的投资》（IAS28）进行了修订。以上新发布准则和修订准则对原准则的影响，主要体现为控制、共同控制以及合营企业等定义以及披露要求的变化。

针对国际财务报告准则的新变化，为实现与国际财务报告准则的持续趋同，有必要及时修订原准则。

二、本准则的修订过程

自 2007 年企业会计准则实施以来，我们密切关注长期股权投资准则实施中存在的问题。结合我国国内企业实务需要，并借鉴国际财务报告准则，我们于 2012 年着手启动了原准则的修订工作。根据我国会计准则制定程序，我们在多次听取来自国内 A＋H 股上市公司财务负责人、财政部会计领军人才、会计学术界等代表意见，并与香港会计师公会讨论的基础上起草了准则草稿。

在几经修改草稿的基础上，进一步征求相关部门意见，并赴企业、会计师事务所进行了实地调研，具体包括：一是 2012 年 6 月 18 日至 19 日召开了企业会计准则修订专题研讨会，听取部分会计师事务所、证券监管机构和企业的专家对修订稿的意见；二是赴上海调研，听取上交所、部分会计师事务所和企业对修订准则的意见和建议；三是请熟悉国际财务报告准则的专家介绍有关国际准则项目的修订背景、内涵和应用情况。根据大家意见予以完善后形成准则讨论稿，于 2012 年 8 月向会计准则委员会各委员征求意见。总体上，各委员都支持我国准则制定机构根据《中国企业会计准则与国际财务报告准则持续趋同路线图》的要求，结合我国实际情况，修订我国长期股权投资准则。

此后，我们按照各位委员反馈的意见和实务需要修改完善讨论稿，并在此基础上形成了本准则征求意见稿，于 2012 年 11 月 15 日向社会公开征求意见。截至 2013 年 2 月 16 日，我们共收到 79 份反馈意见，分 7 类 263 条。社会各界从企业会计实务的实际情况、会计准则国际持续趋同等方面提出了一些建议，并对征求意见稿中所列具体问题、起草应用指南中应注意的事项、准则行文表述等提出意见和建议。

我们认真研究并充分吸收了各方的反馈意见和建议，再次在内地与香港会计准则趋同会中讨论有关问题，形成了本准则的草案，并于 2013 年 8 月再次向会计准则委员会各委员征求意见，进一步修改完善本准则；2013 年 10 月，会同国际会计准则理事会代表一起逐条与 IFRS10 进行对比，国际会计准则理事会代表给予高度评价，提出了个别文字修改意见，根据该意见经完善后形成本准则送审稿，经部条法司审核、报部领导批准后予以发布。

本准则于 2014 年 3 月 13 日正式发布，并要求自 2014

年7月1日起所有执行企业会计准则的企业范围内施行。

三、本准则的修订内容

此次修订主要涉及长期股权投资的范围、权益法的有关会计处理、按个别财务报表和合并财务报表分别就有关交易事项进行会计处理，以及我国企业会计准则中有关长期股权投资的条款的整合。

（一）关于长期股权投资的范围

原准则规定，投资企业持有的对被投资方不具有控制、共同控制或重大影响，并在活跃市场中没有报价、公允价值不能可靠计量的权益性投资（以下简称"该类股权投资"），应当按照成本法核算。《国际会计准则第27号——单独财务报表》（IAS27）规定，企业在单独财务报表中，可以采用成本法或公允价值对所持有的子公司、联营和合营的权益性投资进行会计处理。IAS28规定，企业对联营、合营企业的权益性投资，应当采用权益法进行会计处理。《国际财务报告准则第9号——金融工具》（IFRS9）规定，IAS27和IAS28规定的对子公司、联营和合营的权益性投资以外的投资，按照IFRS9进行会计处理，同时，在某些特殊情况下，该类股权投资可以采用成本法进行会计处理。关于该类股权投资是否应排除在长期股权投资的范围之外，主要有两种意见：

1. 多数意见认为，本准则应对此类股权投资予以排除，明确其应按《企业会计准则第22号——金融工具的确认和计量》（以下简称"金融工具的确认和计量准则"）进行会计处理。主要理由：一是从股权投资的持有意图或获利模式等来看，企业的金融资产通常为短期持有，在市场上通过买卖获利或按合同协议取得既定收益；企业的长期股权投资，通常在较长期间内持有，对被投资方具有不同程度的影响力，能够通过参与被投资方重大决策而获得可变回报。因此，该类股权投资与金融工具的确认和计量准则所规定的金融资产具有一定程度的同质性，将其排除在长期股权投资范围外，有助于使本准则和金融工具的确认和计量准则所规范的内容更为明晰。二是《企业会计准则第 39 号——公允价值计量》（以下简称"公允价值计量准则"）于 2014 年 1 月 26 日发布，明确规定了不同条件下公允价值计量的会计处理，该类股权投资应当按照公允价值计量准则确定公允价值。三是目前某些 A + H 公司将该类股权投资确认为可供出售金融资产，有助于解决目前实务中该类股权投资因被投资方在以后期间实现上市而发生的巨额公允价值变动一次性计入损益的问题。四是在明确规定该类股权投资按照金融工具的确认和计量准则进行会计处理的情况下，投资企业仍然可以按规定采用成本法对符合条件的该类股权投资进行会计处理，不会对现行有效做法形成不利影响。

2. 有意见认为，长期股权投资准则的范围应包括此类股权投资，并按照成本法进行会计处理。主要理由：我国的市场活跃程度与国外发达地区存在明显差异，直接从公开市场中获取公允价值比较困难，需要运用估计。一旦运用会计估计来确定公允价值，计量的可靠性就会存在问题，从而使得报表的相关性下降。

本准则采纳了多数意见，将该类股权投资排除在长期股权投资范围之外，规定按照金融工具的确认和计量准则进行会计处理。

（二）关于投资企业应享有被投资方除净损益、其他综合收益和分红以外的其他所有者权益变动的会计处理

原准则规定了投资企业应享有被投资方净损益、其他综合收益和分红的所导致的所有者权益变动的会计处理，但并未对其他因素导致的所有者权益变动（如被投资方收到其他投资企业的捐赠或出资溢价等权益性交易，以下简称"其他权益变动"）的会计处理作出明确规定。国际财务报告准则也并未对此问题作出明确规定。2012年年底，国际会计准则理事会在《权益法：投资企业应享有的被投资方其他所有者权益变动（征求意见稿）》中提出了相关解决方案，即其他权益变动应在权益中予以确认，且在终止权益法核算时转入当期损益。根据国际会计准则理事会会议记录，2014年5月，国际会计准则理事会决定停止该项目，关于此问题的会计处理仍然不明确。关于投资企业应享有被投资方其他权益变动的应计入权益还是损益，主要有以下两种意见：

1. 多数意见认为，投资企业应将所享有的被投资方其他权益变动计入所有者权益。主要理由：一是如果计入损益会影响投资者对会计主体正常盈利能力的判断。以我国创投企业为例，在被投资方不断引入其他投资方的情况下，创投企业应享有的被投资方权益往往因资本溢价而发生变动，在没有分红限制的情况下提前将这些权益变动确认为损益，可能会导致未实现收益提前流出企业。二是关于此问题的不同意见由来已久，实务中存在着不同的处理和操作，影响了企业间会计信息的可比性，也不利于财务报告使用者做出恰当的决策，应尽快予以明确，及时规范

企业有关会计处理。三是既然 IASB 已经就此问题形成了倾向性意见，代表这种做法是目前较为恰当的现实选择。

2. 其他意见认为，目前关于"被投资方的其他权益变动"的认识和理解较为笼统，应区分不同情况研究如何分别进行会计处理。例如，被投资方向投资企业以外的其他股东增发股份，导致投资企业所享有的权益被稀释，在此种情况下，投资企业应享有的被投资方其他权益变动，应计入当期损益。主要理由：该权益变动应视同投资企业部分处置股权投资所获得的利得。

本准则采纳了多数意见，规定投资方应享有被投资方的其他权益变动，应当计入权益。

（三）关于按个别财务报表和合并财务报表分别就有关交易事项进行会计处理

原准则并未就个别财务报表和合并财务报表，分别对有关交易事项进行会计处理作出规定。根据国际惯例，有关国家和地区按照本国或本地区的公司法、税法等法律法规，对法定财务报表做出规定。国际财务报告准则也并未涉及法定财务报表。IAS27 规定了单独财务报表的会计处理。单独财务报表是指由母公司或对被投资方共同控制或具有重要影响的投资者编制的财务报表，在该报表中股权投资都以成本法或按 IFRS9 处理。我国个别财务报表不是 IAS27 规定的单独财务报表。关于个别财务报表是否应与合并财务报表分别就有关交易事项进行会计处理，主要有两种意见：

多数意见认为，在我国，个别财务报表是反映一个企业作为独立法人主体财务状况情况的报表，需要在一定程度上考虑国家相关法律法规要求，例如注册资本登记管理制度、利润分配要求等等。个别财务报表作为一个企业的法定财务报表,应该反映这个企业从事交易的实际情况。因此,个别财务报表在一定程度上对相关交易的处理应与合并财务报表区别开来。例如,企业因部分处置股权而丧失对被投资方的控制权时,根据合并财务报表准则的规定,在合并财务报表中,剩余股权应按照丧失控制权之日的公允价值计量,公允价值与账面价值的差额计入当期损益;但是,这种处理方法不适合应用在个别财务报表中,理由是,个别财务报表的损益是公司利润的基础,一次性确认大量未实现的、没有现金流支持的损益,不符合实际情况,也会给企业带来后续利润分配的压力。

其他意见提出,有必要借鉴IAS27引入单独财务报表,或者按照单独财务报表的要求和特点,对我国企业现在所编制的个别财务报表进行相应调整。主要理由:一是简化个别财务报表的会计处理;二是与国际准则更为趋同。

本准则采纳了多数意见,规定按个别财务报表和合并财务报表分别就有关交易事项进行会计处理。

(四) 吸收整合企业会计准则解释、年报通知等相关内容

本准则对散见在企业会计准则解释第1-6号和年报通知等文件中的有关内容进行了整合,具体包括:

1. 明确规定投资企业采用成本法核算对被投资方的投资时,投资企业确认投资收益的会计处理,取消了原准则中以被投资方接受投资后产生的累积净利润的分配额为限的规定。

2. 明确规定了投资企业采用权益法核算时应如何确认应享有被投资方净损益和其他原因导致的净资产变动的

份额。

3. 明确规定了投资企业在计算确认应享有或应分担被投资方的净损益时，与被投资方之间发生的未实现内部交易损益按照持股比例计算归属于投资企业的部分应当予以抵销。

4. 明确规定了投资企业因增加投资或减少投资等原因导致对被投资方的控制、共同控制或重大影响发生变化的会计处理，即长期股权投资核算方法随着以上变化相应在成本法、权益法之间的转换衔接，以及改按金融工具的确认和计量准则进行会计处理的衔接规定。

第四部分
Accounting Standard for Business Enterprises No. 2—Long-term Equity Investments

第四部分 Accounting Standard for Business Enterprises No. 2—Long-term Equity Investments

Chapter 1 General Provisions

Article 1 This Standard is formulated in accordance with "Accounting Standard for Business Enterprises—Basic Standard" for the purpose of prescribing the recognition and measurement of long-term equity investments.

Article 2 In this Standard, long-term equity investments refer to equity investments where an investor has control of, or significant influence over, an investee, as well as equity investments in joint ventures.

When determining whether an investor can exercise control over an investee, "Accounting Standard for Business Enterprises No. 33—Consolidated Financial Statements" shall be applied. Where the investor is able to exercise control over the investee, the investee is a subsidiary of the investor. When the investor is an investment entity as defined in "Accounting Standard for Business Enterprises No. 33—Consolidated Financial Statements" and its subsidiaries shall not be consolidated by the investor, the investments in such subsidiaries are not the long-term equity investments as defined in this Standard.

Significant influence is the power to participate in the financial and operating policy decisions of the investee but is not control or joint control of those policies. When determining whether an investor can exercise significant influence over an investee, the effect of potential voting rights (for example, warrants and convertible bonds) held by the investors or other parties that are currently exercisable or convertible shall be considered. Where the investor can exercise significant influence over the investee, the investee is its associate.

When determining whether an investee is a joint venture, "Accounting Standard for Business Enterprises No. 40—Joint Arrangements" shall be applied.

Article 3 The following items are dealt with under other appropriate Accounting Standards:

(a) Translation of foreign currency long-term equity investments, which is dealt with under "Accounting Standard for Business Enterprises No. 19—Foreign Currency Translation".

(b) Investments held by venture capital organisations, mutual funds or similar entities that are measured at fair value through profit or loss upon initial recognition, in accordance with "Accounting Standard for Business Enterprises No. 22—Financial Instruments: Recognition and Measurement", investments in subsidiaries that shall not be consolidated by the investment entities, and other equity investments which are not prescribed by this Standard, apply "Accounting Standard for Business Enterprises No. 22—Financial Instruments: Recognition and Measurement".

Article 4 The disclosure of long-term equity investments is dealt with under "Accounting Standard for Business Enterprises No. 41—Disclosure of Interests in Other Entities".

Chapter 2 Initial Measurement

Article 5 The initial investment cost of a long-term equity investment acquired through a business combination shall be determined as follows:

(a) For a business combination involving enterprises under common control, if the consideration of the combination is satisfied by paying cash, transfer of non-cash assets or assumption of liabilities, the initial investment cost of the long-term equity investment shall be the absorbing party's share of the carrying amount of the owners' equity of the party being absorbed in the consolidated financial statements of the ultimate controlling party at combination date. The difference between the initial investment cost and the carrying amount of cash paid, non-cash assets transferred and liabilities assumed shall be adjusted to capital reserve. If the balance of capital reserve is not sufficient, any excess shall be adjusted to retained earnings.

If the consideration of the combination is satisfied by the issue of equity securities, the initial investment cost of the long-term equity investment shall be the absorbing party's share of the owners' equity of the party being absorbed in the consolidated financial statements of the ultimate controlling party at combination date. The aggregate face value of the shares issued shall be accounted for as share capital. The difference between the initial investment cost and the aggregate face value of the shares issued shall be adjusted to capital reserve. If the balance of capital reserve is not sufficient, any excess shall be adjusted to retained earnings.

(b) For a business combination not involving enterprises under common control, the initial investment cost of the long-term equity investment acquired shall be the cost of acquisition determined in accordance with "Accounting Standard for Business Enterprises No. 20—Business Combinations".

The audit, legal, valuation and consulting fees, other intermediary fees, and related administrative fees paid by the absorbing party or acquirer for the business combination, shall be recognised in profit or loss as incurred.

第四部分 Accounting Standard for Business Enterprises No. 2—Long-term Equity Investments

Article 6 The initial investment cost of a long-term equity investment acquired otherwise than through a business combination shall be determined as follows:

(a) For a long-term equity investment acquired by paying cash, the initial investment cost shall be the actual purchase price has been paid. Initial investment cost also includes those costs, taxes and other necessary expenditures directly attributable to the acquisition of the long-term equity investment.

(b) For a long-term equity investment acquired by the issue of equity securities, the initial investment cost shall be the fair value of the equity securities issued. The costs directly attributable to the issue of equity securities shall be determined in accordance with "Accounting Standard for Business Enter-prises No. 37—Financial Instruments: Presen-tation and Disclosures".

(c) For a long-term equity investment acquired through an exchange of non-monetary assets, the initial investment cost shall be determined in accordance with "Accounting Standard for Business Enterprises No. 7—Exchange of Non-Monetary Assets".

(d) For a long-term equity investment acquired through a debt restructuring transaction, the initial investment cost shall be determined in accordance with "Accounting Standard for Business Enterprises No. 12—Debt Restructurings".

Chapter 3   Subsequent Measurement

Article 7   Where an investor is able to exercise control over an investee, the long-term equity investment shall be accounted for using the cost method.

Article 8   Under the cost method, a long-term equity investment shall be measured at its initial investment cost. When additional investment is made or the investment is recouped, the cost of the long-term equity investment shall be adjusted accordingly. Cash dividends or profit distributions declared by the investee shall be recognised as investment income in the current period.

Article 9   A long-term equity investment in an associate or a joint venture shall be accounted for using the equity method in accordance with the requirements of Articles 10 to 13 of this Standard.

Where a portion of equity investment in an associate is indirectly held through venture capital organizations, mutual funds, trust companies or similar entities including investment-linked insurance funds, regardless of whether these entities have significant influence over that portion of the investment, the investor may elect to measure that portion of equity investment at fair value through profit or loss in accordance with "Accounting

第四部分 Accounting Standard for Business Enterprises No. 2—Long-term Equity Investments

Standard for Business Enterprises No. 22—Financial Instruments: Recog-nition and Meas-urement", and apply the equity method to any remaining portion of the equity investment.

Article 10 Where the initial investment cost of a long-term equity investment exceeds an investor's interest in the fair values of an investee's identifiable net assets at the acquisition date, no adjustment shall be made to the initial investment cost. Where the initial investment cost is less than the investor's interest in the fair values of the investee's identifiable net assets at the acquisition date, the difference shall be credited to profit or loss for the current period, and the cost of the long-term equity investment shall be adjusted accordingly.

The fair values of the investee's identifiable net assets shall be determined with reference to the requirements of "Accounting Standard for Business Enterprises No. 20—Business Combin-ations".

Article 11 After the investor has acquired a long-term equity investment, it shall recognise its share of the investee's net profits or losses, as well as its share of the investee's other comprehensive income, as investment income or losses and other comprehensive income, and adjust the carrying amount of the investment accordingly. The carrying amount of the investment shall be reduced by the portion of any profit distributions or cash dividends declared by the investee that is attributable to the investor. The investor's share of the investee's owners' equity changes, other than those arising from the investee's net profit or loss, other comprehensive income or profit distribution, shall be recognised in the investor's equity, and the carrying amount of the long-term equity investment shall be adjusted accordingly.

The investor shall recognise its share of the investee's net profits or losses after making appropriate adjustments based on the fair values of the investee's identifiable net assets at the acquisition date.

Where the accounting policies and accounting period adopted by the investee are not consistent with those used by the investor, the investor shall, using its own accounting policies and accounting period, adjust the relevant items of the financial statements of the investee, and recognise investment income or loss, other comprehensive income, and other related items, based on the adjusted financial statements of the investee.

Article 12 The investor shall discontinue recognising its share of the net losses of the investee after the carrying amounts of the long-term equity investment together with any long-term interests that in substance form part of the investor's net investment in the investee are reduced to zero, except to the extent that the investor has incurred obligations to assume additional losses.

Where the investee makes net profits subsequently, the investor shall resume recognising its share of those profits only after its share of the profits equals the share of losses not recognised.

Article 13 The unrealised profits or losses resulting from transactions between the investor and its associate or joint venture shall be eliminated in proportion to the investor's equity interest in the investee, based on which investment income or losses shall be recognised.

Any losses resulting from transactions between the investor and the investee, which are attributable to asset impairment in accordance with "Accounting Standard for Business Enterprises No. 8—Impairment of Assets" and other appr-opriate accounting standards shall be recognised in full.

Article 14 When an investor becomes capable of exercising joint control or significant influence (but not control) over an investee due to additional investment or other reasons, the investor shall change to the equity method and use the fair value of the previously-held equity investment determined in accordance with "Accounting Standard for Business Enterprises No. 22—Financial Instru-ments: Recognition and Measurement", together with additional investment cost, as the initial investment cost under the equity method. Where the previously-held equity investment is classified as available-for-sale financial assets, the difference between the fair value and carrying amount and the accumulated changes in fair value included in other comprehensive income shall be transferred to profit or loss for the current period upon commencement of the equity method.

When an investor becomes capable of exercising control over an investee not under common control due to additional investment or other reasons, in stand-alone financial statements[①], the investor shall change to the cost method and use the carrying amount of the previously-held equity investment, together with the additional investment cost, as the initial investment cost under the cost method. When the previously-held equity investment is accounted for under the equity method, any other comprehensive income

---

① Under PRC GAAP, an entity that has subsidiaries shall prepare the consolidated financial statements in accordance with CAS 33 and prepares stand-alone financial statements. An entity that has no subsidiaries but may has joint ventures or associates shall prepare stand-alone financial statements.

When an entity prepares stand-alone financial statements, the entity accounts for the investment in subsidiary at cost and accounts for the investments in associates and/or joint ventures using the equity method.

That means, under PRC GAAP, there is no concept of separate financial statements as defined under IFRS.

previously recognised shall be accounted for on the same basis as would have been required if the investee had directly disposed of the related assets or liabilities. For the previously-held equity investment which was accounted for in accordance with "Accounting Standard for Business Enterprises No. 22—Financial Instruments: Recognition and Measurement", the accumulated changes in fair value included in other comprehensive income shall be transferred to profit or loss for the current period upon commencement of the cost method. The preparation of consol-idated financial statements shall be performed in accordance with "Accounting Standard for Business Enterprises No. 33—Consolidated Financial Statements".

Article 15 When an investor can no longer exercise joint control of or significant influence over an investee due to partial disposal of equity investment or other reasons, the remaining equity investment shall be accounted for in accordance with "Accounting Standard for Business Enterprises No. 22—Financial Instruments: Recognition and Measurement". The difference between the fair value and the carrying amount at the date of the loss of joint control or significant influence shall be charged to profit or loss for the current period. When the previously-held equity investment is accounted for under the equity method, any other comprehensive income previously recognised shall be accounted for on the same basis as would have been required if the investee had directly disposed of the related assets or liabilities for the current period upon discontinuation of the equity method.

When an investor can no longer exercise control over an investee due to partial disposal of equity investment or other reasons, and with the retained interest, still has joint control of, or significant influence over, the investee, when preparing the individual financial statements, the investor shall change to the equity method and adjust the remaining equity investment as if the equity method had been applied from the date of the first acquisition. If the investor can not exercise joint control of or significant influence over the investee after partial disposal of equity investment, the remaining equity investment shall be accounted for in accordance with "Accounting Standard for Business Enterprises No. 22—Financial Instruments: Recognition and Meas-urement", and the difference between the fair value and carrying amount at the date of the loss of control shall be charged to profit or loss for the current period. The preparation of consolidated financial statements shall be performed in accordance with "Accounting Standard for Business Enterprises No. 33—Consolidated Fina-ncial Statements".

Article 16 An investor shall account for an equity investment, or a portion of an equity investment, in an associate or a joint venture that is classified as held for sale in accordance with "Accounting Standard for Business Enterprises No. 4—Fixed Assets". Any retained portion of equity investment that has not been classified as held for sale shall be accounted for using the equity method.

When an equity investment in an associate or a joint venture previously classified as held for sale no longer meets the criteria to be so classified, it shall be accounted for using the equity method retrospectively as from the date of its classification as held for sale. Financial statements for the periods since classification as held for sale shall be amended accordingly.

Article 17 On disposal of a long-term equity investment, the difference between the proceeds actually received and the carrying amount shall be recognized in profit or loss for the current period. For a long-term equity investment accounted for using the equity method, any other comprehensive income previously recognised shall be accounted for on the same basis as would have been required if the investee had directly disposed of the related assets or liabilities on a pro-rata basis upon the disposal of the equity investment.

Article 18 An investor shall consider whether the carrying amount of a long-term equity investment is greater than its share of the carrying amount of the owners' equity. In circumstances such as these, the investor shall, in accordance with "Accounting Standard for Business Enterprises No. 8—Impairment of Assets", perform impairment testing on the long-term equity investment and make a provision for impairment if the recoverable amount is lower than the carrying amount of the long-term equity investment.

Chapter 4   Transitional Provisions

Article 19 An enterprise that adopts Accounting Standard for Business Enterprises prior to the date of the implementation of this Standard, shall apply this Standard retrospectively, unless it is impra-cticable to do so.

Chapter 5   Supplementary Provisions

Article 20 This Standard becomes effective as from July 1, 2014.